Mein Gehirn und ich

René Kahn

Mein Gehirn und ich

Zehn Gebote für eine gute Zusammenarbeit

Übersetzt aus dem Niederländischen
von Bärbel Jänicke

Patmos Verlag

VERLAGSGRUPPE PATMOS

PATMOS
ESCHBACH
GRÜNEWALD
THORBECKE
SCHWABEN

Die Verlagsgruppe
mit Sinn für das Leben

Nederlands letterenfonds
dutch foundation
for literature

Die Übersetzung dieses Buches wurde von der niederländischen Stiftung für Literatur gefördert. Der Verlag bedankt sich für die Unterstützung.

Für die Schwabenverlag AG ist Nachhaltigkeit ein wichtiger Maßstab ihres Handelns. Wir achten daher auf den Einsatz umweltschonender Ressourcen und Materialien.

Bibliografische Information der Deutschen Nationalbibliothek
Die Deutsche Nationalbibliothek verzeichnet diese Publikation in der Deutschen Nationalbibliografie; detaillierte bibliografische Daten sind im Internet über http://dnb.d-nb.de abrufbar.

Alle Rechte vorbehalten
Für die niederländische Originalausgabe: Copyright © René Kahn
Translated from the Dutch language: De tien geboden voor het brein
First published by Uitgeverij Balans, Amsterdam
Für die deutschsprachige Ausgabe: © 2016 Patmos Verlag der Schwabenverlag AG, Ostfildern
www.patmos.de

Umschlaggestaltung: Finken & Bumiller, Stuttgart
Gestaltung und Satz: Schwabenverlag AG, Ostfildern
Druck: CPI – Ebner & Spiegel, Ulm
Hergestellt in Deutschland
ISBN 978-3-8436-0703-2 (Print)
ISBN 978-3-8436-0704-9 (eBook)

*Meiner Frau und
meinen Kindern gewidmet*

Inhalt

EIN WORT VORWEG 9

1. LERNE! 11

2. SCHLAFE! 23

3. MACH MUSIK! 35

4. STRESS DICH NICHT! 47

5. SCHLIESSE FREUNDSCHAFTEN! 59

6. GENIESSE ANSEHEN! 69

7. TRINK NICHT! 79

8. TRIMM DICH! 89

9. SPIELE! 101

10. WÄHLE DEINE ELTERN MIT BEDACHT! 111

ANHANG 123

Ein Wort vorweg

Die Idee für dieses Buch stammt von meiner ältesten Tochter Sophie: „Warum schreibst du nicht mal darüber, was für das Gehirn gut oder schlecht ist?"

Tatsächlich können wir unserem Gehirn Gutes und Schlechtes tun, ebenso wie dem Rest unseres Körpers. Während Letzteres wohl allgemein bekannt ist, wird es Ihnen vielleicht noch neu sein, dass wir mit unserem Gehirn ebenso sorgfältig umgehen müssen wie mit unseren anderen Organen. Ich werde Ihnen in diesem Buch zeigen, dass es für Ihr Gehirn wirklich entscheidend ist, wie Sie leben und sich verhalten. Es macht durchaus einen Unterschied, ob Sie sich einen schwierigen Lernstoff vornehmen oder auf dem Sofa vor dem Fernseher faulenzen. Es wirkt sich auf Ihr Gehirn aus, wenn Sie in Ihrer Jugend ein Musikinstrument spielen lernen (und fleißig üben). Ihr Gehirn profitiert von Freundschaften, Ansehen, Schlaf, körperlicher Aktivität und sogar Computerspielen. Umgekehrt gibt es einiges, was für Ihr Gehirn ausgesprochen schädlich ist, wie Alkohol (das war Ihnen sicherlich schon klar) und lang anhaltender, unausweichlicher Stress.

Unser Gehirn ist ein flexibles, formbares Organ. Und das muss es auch sein. Denn wie wäre es vorstellbar, dass wir Millionen Jahre Evolution überlebt haben und sogar an der Spitze der Nahrungskette gelandet sind, wenn diese anderthalb Kilo Gehirn sich nicht an eine sich ständig verändernde Umgebung hätten anpassen können? Wenn sie sich nicht von ihr hätten beeinflussen lassen? Diese Entwicklungs- und Anpassungsfähigkeit, die Plastizität des Gehirns hat weitreichende Folgen. Eine der wichtigsten besteht darin, dass Sie die Gesundheit, das Wachstum, die Funktion, das Zusammenspiel und die Qualität Ihres Gehirns zu einem gewissen Teil selbst in der Hand haben. Wie groß dieser Teil ist? Das wissen wir noch nicht genau, aber er ist groß genug, um einen Unterschied zu machen.

Warum ausgerechnet zehn Gebote für das Gehirn? Sind damit alle Aspekte benannt, die für dieses Organ bedeutsam sind? Gewiss nicht, aber die Zehn ist eine so schöne Zahl, und so folgt meine Liste immerhin einem bekannten Vorbild. Nicht dass ich mich auch nur im Geringsten der Illusion hingäbe, dass diese Gebote für das Gehirn sich mit den ursprünglichen Geboten vom Sinai messen könnten. Dennoch hoffe ich, dass Sie davon profitieren können. Es macht nämlich einen Unterschied, wie Sie leben und was Sie tun und lassen. Nicht nur für die moralischen und ethischen Aspekte Ihres Lebens, auch für das Wohlergehen Ihres wichtigsten Körperteils.

Ich schätze mich glücklich, dass ich beim Schreiben dieses Buches erneut auf die Hilfe meiner Freunde und meiner Familie zählen konnte. Zunächst danke ich natürlich Sophie, die schließlich dessen *auctor intellectualis* ist. Meine guten Kollegen und lebenslangen Freunde Alfred Sachs und Jacqueline Wellenstein sowie mein Bruder und Kamerad Philip behielten wie gewöhnlich sowohl die großen Züge als auch die Details im Auge. Und dieses Mal las auch die ganze Familie mit – Betty, Josephine und Robert; den Inhalt mit ihnen zu besprechen, bereitete mir eine ebenso große Freude wie das Schreiben selbst.

Gebote, Verbote – die Welt ist seit tausenden von Jahren voll davon. Brauchen wir wirklich noch zehn weitere? Obwohl sie sich sicher nicht immer alle leicht befolgen lassen, kann ich Sie vielleicht doch durch das Versprechen dazu motivieren, dass jedes dieser Gebote sich vorteilhaft auswirken wird. Auf Sie selbst. Und auf Ihr Gehirn. Möchten Sie es da nicht doch einmal auf einen Versuch ankommen lassen?

1. Lerne!

DAS GEHIRN ALS MUSKEL

Wie viel wissen Sie noch von dem, was Sie in der Schule gelernt haben? Kennen Sie noch alle Erdschichten? Den Zitronensäurezyklus? Die wichtigsten Ereignisse der Französischen Revolution? Wahrscheinlich wird Ihre Antwort auf diese und ähnliche Fragen so ausfallen, dass Sie erstaunlich wenig von diesem gewaltigen Faktenbrei behalten haben. Vielleicht haben Sie sich, wie ich mich selbst, schon einmal gefragt, wozu dieses ganze Lernen und Pauken von Vokabeln, chemischen Formeln, historischen Fakten eigentlich gut war. Die Antwort ist ebenso einfach wie naheliegend: Ihr Gehirn ist dadurch gewachsen.

Eine der weitreichendsten Entdeckungen im Bereich der Neurowissenschaften ist die Erkenntnis, dass unser Gehirn ein flexibles, formbares Organ ist. Jahrhundertelang ging man davon aus, dass dieser Teil unseres Körpers statisch und mit der Geburt oder spätestens doch nach der Pubertät völlig ausgereift wäre. Anders als bei den Muskeln, der Leber oder den Nieren, fände im Gehirn keine Zellteilung mehr statt. Nichts hat sich als weniger wahr erwiesen. Das Gehirn ist kaum weniger flexibel, formbar und trainierbar als unsere Muskeln. Dieser Vergleich reicht sogar noch weiter, denn ebenso wie für die Muskeln gilt auch für das Gehirn, dass dessen Entwicklung stimuliert wird, wenn man es immer höheren Anforderungen aussetzt. Starke Muskeln bekommt man nicht von selbst, ein kluges Gehirn ebenso wenig.

DIE BILDUNG NEUER GEHIRNZELLEN

Aus Tierversuchen wissen wir schon seit einigen Jahrzehnten, dass sich neue Zellen in bestimmten Bereichen des Gehirns bilden. Dass es auch bei Menschen zu einer Neubildung von Nervenzellen kommt, ist mittlerweile durch zahllose Studien hinlänglich belegt. Die Frage ist eher, aus welchem Grund es im Gehirn auch dann noch zu Zellteilungen kommt, wenn es ausgewachsen zu sein scheint.

Die Tatsache, dass (beim Menschen) die neuen Zellen vornehmlich, wenn auch nicht ausschließlich, im Hippocampus gefunden werden, gibt uns dazu bereits einen ersten Fingerzeig. Dieser Gehirnteil, der jeweils wie ein um neunzig Grad gedrehtes Komma tief im Inneren einer jeden Gehirnhälfte liegt, ist nämlich für das Einprägen neuer Informationen verantwortlich, für das Lernen. Offensichtlich steht die Zellteilung im Hippocampus in Zusammenhang mit der Aufnahme neuer Informationen. Etwa bei der Suche eines Weges im Wald. Das gilt für Meisen und Menschen. Lassen Sie uns mit den Meisen beginnen.

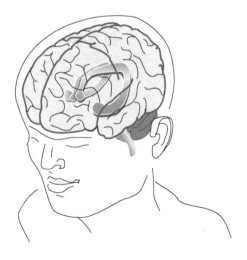

Abbildung 1:
Hippocampus

Meisen kommen häufig in den Wäldern eines gemäßigten Klimas wie in Nordamerika vor. Am Ende des Sommers und zu Beginn des Herbstes ändert sich im Leben dieses Vogels eine ganze Menge. Während seine Kost im Sommer vornehmlich aus Insekten besteht, muss die Meise im Winter von Samen leben, da die Insekten bis dahin wegen der Kälte gestorben sind. Samen sind aber wesentlich weniger nahrhaft als Insekten, daher müssen Meisen im Herbst und Winter ein viel größeres Gebiet überfliegen als im Sommer. Infolgedessen verdreifacht sich ihr Lebensraum im Herbst. Auch in anderer Hinsicht verändert sich das Lebensumfeld der Meise in dieser Jahreszeit. Die Landschaft ändert ihr Aussehen: Die Bäume wechseln ihre Farbe, verlieren ihre Blätter und werden schließlich kahl. Später fällt Schnee, wodurch für die Meise noch mehr Orientierungspunkte verloren gehen. In dieser Zeit, in der sich weitreichende Wandlungen im Lebensmilieu der Meise vollziehen, muss sie nach Samen suchen. Sie muss sich also im Übergang vom Sommer zum Winter eine Menge merken. Und tatsächlich ist im Herbst, in der Phase, in der das Tier lernt, die Zunahme neuer Hirnzellen am deutlichsten.

In gleicher Weise wie die Meise lernen muss, in einer neuen Umgebung zu navigieren, muss dies auch der Mensch lernen. Für die Meise ist es eine Frage der Selbsterhaltung; für die meisten von uns ist das etwas nuancierter zu betrachten. Abgesehen freilich von einer kleinen Gruppe von Menschen, für die effiziente Navigation für ihren Nahrungserwerb ebenso wichtig ist wie für die Meisen – auch wenn hier die Beziehung zwischen beidem nicht ganz so offensichtlich ist. Ich spreche von den Londoner Taxifahrern.

Sollte sich ihre berufliche Aktivität, die sich nicht so gravierend von den Anstrengungen unterscheidet, die eine Meise unternehmen muss, nicht auch auf ihr Gehirn auswirken?

Christopher Frith vom University College in London (UCL), einem der weltweit renommiertesten Institute im Bereich der

Hirnforschung, hatte sich dazu entschlossen, dieser Frage nachzugehen. Er verglich sechzehn männliche Londoner Taxifahrer mit einer sorgfältig ausgewählten Kontrollgruppe gleichen Alters und Bildungsniveaus, die jedoch keine besondere Erfahrung im Chauffieren hatte. Bei allen Testpersonen wurde die Hirnstruktur mit Hilfe von MRT-Scans untersucht.

Frith fand heraus: Im Allgemeinen unterschieden sich die Gehirne der Taxifahrer nicht von denen der Kontrollgruppe, bis auf einen einzigen spezifischen Aspekt: Der hintere Teil des rechten Hippocampus, der für das Aufnehmen räumlicher Information verantwortlich ist, war bei den Taxifahrern beträchtlich größer als bei den Testpersonen aus der Kontrollgruppe. Und nicht nur das: Die Vergrößerung stand in Relation zu der Anzahl der Erfahrungsjahre der Taxifahrer. Anders gesagt: Je länger sie schon durch die Straßen von London navigieren mussten, desto größer war ihr rechter Hippocampus.

Dennoch lässt sich nicht ausschließen, dass diese Vergrößerung durch einen anderen Aspekt im Leben der Taxifahrer zu erklären wäre: das lang andauernde Fahren an sich zum Beispiel. Auch das erfordert schließlich einiges an Fähigkeiten (und Ausdauer). Um herauszufinden, ob die Vergrößerung des Hippocampus sich auch tatsächlich auf das Navigieren und nicht nur auf das Chauffieren zurückführen lässt, braucht man eine gute Vergleichsgruppe. Etwa eine Gruppe, die zwar viel durch London fährt, aber nicht ständig auf neuen Routen. Wo findet man diese Fahrer, die gewissermaßen ihren rechten Hippocampus zu Hause lassen können? Unter den Londoner Busfahrern. Sie kurven ebenso häufig durch die Stadt wie die Taxifahrer, doch ihre Routen sind festgelegt, daher müssen sie nicht navigieren. Aus diesem Grund verglichen Frith und seine Mitarbeiter die Gehirne von siebzehn Londoner Busfahrern mit denen von achtzehn Taxifahrern aus derselben Metropole. Die Gruppen unterschieden sich weder in Alter noch in Erfahrungsjahren oder Intelligenz. Aber ihre Gehirne unterschieden sich durchaus, zumindest in Hinsicht auf *einen* Aspekt. Sie erraten sicherlich, welchen: Der (hintere) rechte Hippocampus war bei den Taxifahrern größer als bei ihren busfahrenden Kollegen.

LERNEN UND DIE BILDUNG NEUER GEHIRNZELLEN

Dass zwischen einem größeren Hippocampus und dem Erlernen von (räumlichen) Informationen ein Zusammenhang besteht, ist von Frith und seinen Mitarbeitern überzeugend nachgewiesen worden. Ist das aber, wie bei der Meise, eine Folge der Bildung neuer Gehirnzellen? Eine Relation zwischen dem Aufbau neuer Hirnzellen und dem Lernen festzustellen, ist beim Menschen nahezu unmöglich, da das Hirngewebe lebender Menschen nicht untersucht werden kann. Zumindest meistens nicht. Denn Neurowissenschaftler der Universität Erlangen haben unlängst (2010) eine Studie durchgeführt, in denen ihnen das gelungen ist. Die Forscher untersuchten eine ziemlich seltene Patientengruppe: Menschen, die infolge der Aktivitätsstörung einer speziellen Hirnregion an Epilepsie litten – einer Störung des Hippocampus.

In den meisten Fällen lässt sich diese Form der Epilepsie medikamentös behandeln. In einigen wenigen Fällen haben Antiepileptika jedoch keinen Effekt. Als einzige Behandlungsmöglichkeit bleibt dann nur noch die Möglichkeit, den Teil des Gehirns, in dem diese Anfälle entstehen, chirurgisch zu entfernen. Den Forschern aus Erlangen stand eine Gruppe von 23 Patienten zur Verfügung, bei denen der ganze Hippocampus entfernt werden musste. Dieser Teil des Gehirns wurde unmittelbar nach der Operation dazu genutzt, Zellen zu züchten. Dazu muss man die Zellen in ein Laborschälchen legen und Wachstumsfaktoren hinzufügen. Außerdem wurde der Hippocampus auf seine Zelldichte hin untersucht. Schon vor der Operation war das Gedächtnis der Patienten daraufhin getestet worden, sich Wörter zu merken, eine Fähigkeit, die einen grundlegenden Aspekt des Lernens darstellt.

Als die Wissenschaftler nach einiger Zeit ihre Laborschälchen unter die Lupe nahmen, zeigte sich ihnen ein auffallendes Muster. Bei 12 von 23 Patienten war eine starke Zunahme neuer Gehirnzellen zu verzeichnen; die 11 restlichen Schälchen boten einen jämmerlichen Anblick: Die Ausbeute neuer Gehirnzellen darin war sehr dürftig. Das ist schon an sich ein bemerkenswerter Unterschied. Doch als es gelang, einen Zusammenhang zwischen der kognitiven Leistung der Patienten und der Neubildung der Nervenzellen in den Laborschälchen herzustellen, erwies sich die Beobachtung als noch weitreichender. Die nahezu leeren Schälchen waren offenbar den Patienten zuzuordnen, die bei den Lern- und Gedächtnisaufgaben am schlechtesten abgeschnitten hatten; die mit neuen Nervenzellen angefüllten Laborschälchen gehörten dagegen zu den Gehirnen der Patienten, die den Test am erfolgreichsten absolviert hatten. Anders formuliert: Je schlechter sie im Lerntest abgeschnitten hatten, desto geringer war die Neubildung der Zellen unter Laborbedingungen und umgekehrt. Der Unterschied ließ sich nicht durch die Schwere der epileptischen Erkrankung oder verschiedene Medikamente erklären.

Diese Studie ist also die erste, die einen Zusammenhang zwischen der Bildung von Gehirnzellen und dem Erlernen neuer Inhalte bei lebenden Menschen aufgezeigt hat: Lernen führt zur Bildung und Ausdifferenzierung neuer Zellen im Gehirn. Aber es genügt nicht, *irgendetwas* zu lernen. Es muss auch anstrengend sein. Einfache Aufgaben sind nicht hilfreich. Wie bei den Muskeln gilt auch hier: Ohne Schweiß kein Preis. Für das Gehirn bedeutet das: Ohne zu büffeln, kein Wachstum.

VON NICHTS KOMMT NICHTS – BEI TIER ...

Auch der Zusammenhang zwischen intensivem Lernen und Gehirngröße lässt sich am Leben der Meise erkennen. Ich habe schon deutlich gemacht, welch große Rolle der Hippocampus beim Aufspüren von Samen in den schneebedeckten Wäldern Nordamerikas spielt. Aber Meisen kommen nicht nur in diesen Breitengraden vor. Es gibt auch ganze Meisenpopulationen, die sich in behaglicheren Landstrichen aufhalten, in denen die Jahreszeiten weniger ausgeprägte klimatische Unterschiede aufweisen. In diesen Regionen, die keine (strengen) Winter kennen, brauchen die Meisen sich bei der Nahrungssuche nicht so sehr anzustrengen, die Landschaft verändert ihr Aussehen in geringerem Maße und auch die Orientierungspunkte bleiben sich weitgehend gleich. Meisen in Kansas (im mittleren Westen der USA) haben es intellektuell gesehen etwas leichter als ihre Artgenossen in Alaska: Ihr räumliches Erinnerungsvermögen wird weitaus weniger auf die Probe gestellt.

Sollte dieser Unterschied auch in der Größe ihres Hippocampus zum Ausdruck kommen?

Professor Vladimir Pravosudov von der Universität von Nevada hatte sich vorgenommen, dieser Frage nachzugehen. Er wählte dazu Meisen aus Regionen mit von Norden nach Süden abnehmendem Breitengrad aus: aus Alaska, British Columbia (Kanada), Montana, Colorado und Kansas. In jeder dieser Gegenden fing er eine Vielzahl von Meisen und untersuchte das Volumen ihres Hippocampus. Dabei konnte er tatsächlich feststellen: je strenger die Winter, je größer die saisonalen Unterschiede, je nördlicher der Breitengrad, desto größer auch das Hippocampusvolumen der Meisen. Am größten war das Volumen des Hippocampus bei den Meisen aus Alaska, am kleinsten bei denen aus Kansas, und seine Größe stand auch sonst in direkter Relation zu den abnehmenden Breitengraden. Und nicht nur das. Die Vergrößerung des Volumens war zudem der

Anzahl neugebildeter Nervenzellen geschuldet. Das bedeutet: Je größer die – in diesem Fall intellektuelle – Belastung der Meise, desto stärker muss sich ihr Gehirn anpassen. Und das tut es offensichtlich auch.

Dennoch wäre nicht auszuschließen, dass der größere Hippocampus der nördlichen Meisen nicht auf eine Anpassung an das raue Klima, sondern auf Selektion zurückzuführen ist. Vielleicht überleben nur diejenigen Meisen mit einem großen Hippocampus die Winter in Alaska, während dieser Selektionsdruck in Kansas fehlt.

Um einen ursächlichen Zusammenhang zwischen der Größe des Hippocampus (oder des Gehirns im Allgemeinen) und der intellektuellen Belastung im Leben von Tieren nachzuweisen, braucht man Laborexperimente. Diese wurden tatsächlich durchgeführt, und zwar bei Ratten.

Die Versuchsanordnung der Rattenexperimente erscheint sehr simpel, aber das sah das Tier gewiss anders. Es hört zunächst einen Ton, auf den, meistens eine halbe Sekunde später, ein Luftstoß folgt, der ihm mechanisch auf das Auge geblasen wird. Infolgedessen zwinkert die Ratte reflexartig mit ihrem Augenlid. Nachdem diese Abfolge viele Male wiederholt wurde, begreift das Tier, dass auf den Ton immer ein Luftstoß folgt. Es zwinkert daher schon, bevor dieser auf das Auge trifft. Daran lässt sich erkennen und auch messen, dass die Ratte die zwei Stimuli miteinander verknüpft hat. Wichtig an dieser Anordnung ist die Tatsache, dass sich der Schwierigkeitsgrad verändern lässt: Je länger das Intervall zwischen Ton und Luftstoß ist, desto schwieriger ist der Test (man muss schon eine schlaue Ratte sein, um dann noch einen Zusammenhang zu erkennen).

Dieser Test führt bei der Ratte nicht nur zur Bildung neuer Gehirnzellen, sie bleiben auch länger nachweisbar – sie leben länger. Allerdings nicht bei allen Ratten: Die längere Lebensdauer der Gehirnzellen ergibt sich nur bei Ratten, denen es gelungen ist, den Zusammenhang zwischen dem Ton und dem

Luftstoß zu entdecken. Darüber hinaus überleben die Gehirnzellen bei den Ratten am längsten, die auch die schwierigste Aufgabe gemeistert haben – den Test mit der längsten Pause zwischen Ton und Luftzug. Je schwieriger der Test und je größer die erforderliche Lernanstrengung, desto größer die Zahl der überlebenden Neuronen.

... UND MENSCH

Beim Menschen ist das nicht anders, wie eine Studie mit studierenden Studenten (nein, das ist kein Pleonasmus) zeigt. Um einen Zusammenhang zwischen Lernen und Wachstum des Gehirns nachzuweisen, ist es am günstigsten, das Gehirn unmittelbar vor und (direkt) nach einer Studienphase zu untersuchen.

Da eine direkte Untersuchung von Hirnzellen bei lebenden Menschen noch nicht möglich ist, musste seine solche Untersuchung mit Hilfe von Hirnscans durchgeführt werden. Eine Forschergruppe der Universität Regensburg hatte sich dazu entschieden, Medizinstudenten zu untersuchen, die für ihr Physikum lernten, also die Prüfung, mit der man nach den ersten beiden Studienjahren den vorklinischen Teil abschließt. Es ist ein schwieriges Examen, das Prüfungen in Biologie, Chemie, Physik, Anatomie und Physiologie umfasst. Vor der Prüfung müssen die Studierenden drei Monate lang Intensivkurse belegen und ganz altmodisch Fakten büffeln. Eine ideale Situation für eine Untersuchung dazu, ob das Gehirn sich durch Lernen verändert.

Zu Beginn dieser Phase führte man bei 38 Medizinstudenten Hirnscans durch, diese wurden unmittelbar nach der dreimonatigen Studienphase wiederholt. Ein dritter Scan wurde nach drei weiteren Monaten erstellt. Um herauszufinden, ob es sich bei den beobachteten Effekten wirklich um Auswirkungen des Lernens handelte, wurden zur Kontrolle auch bei einer Gruppe Physiotherapiestudenten zwei Hirnscans durchgeführt. Diese Studierenden mussten in diesem Zeitraum nicht für eine Prüfung lernen, unterschieden sich aber in Hinblick auf ihre Ausbildung, Intelligenz und soziale Herkunft nicht von den Medizinstudenten.

Die Medizinstudenten bestanden nicht nur ihr Examen, das Lernen hatte auch noch ein anderes Resultat: Es veränderte ihr Gehirn. Die graue Substanz, in deren Zellkernen die Signale im Gehirn sowohl entstehen als auch empfangen werden, hatte im Hippocampus und in den Schläfenlappen erheblich an Volumen zugenommen. Obwohl die Zunahme bemerkenswert war, entsprach die Region, in der dieses Wachstum aufgetreten war, voll und ganz den Erwartungen. Denn wie schon gesagt, ist der Hippocampus für das Speichern neuer Informationen zuständig. Die Bereiche in den Schläfenlappen sind am Gedächtnis beteiligt, und zwar vor allem an der langfristigen Speicherung. Das Wachstum in diesen Hirnregionen war nicht nur unmittelbar nach dem Examen unverkennbar, sondern auch drei Monate später noch nachweisbar. Letzteres spricht dafür, dass sich die beschriebenen Auswirkungen nicht nur der Entstehung neuer Zellen verdanken, sondern – genau wie bei den Tieren – auch deren längerer Lebensdauer.

Dieser Effekt kennt auch keine nationalen Grenzen. Denn der gleiche Einfluss des Lernens wurde auch in den Gehirnen von 32 italienischen Medizinstudenten des Ospedale San Raffaele in Mailand nachgewiesen. Vor Beginn eines zweiwöchigen Studienabschnitts mit je achtstündigen Unterrichtstagen waren sie einem ersten Scan unterzogen worden. In dieser Studienphase wurden sie in Anatomie, Biologie und Physiologie unterrichtet. Die Kontrollgruppe bestand aus Medizinstudenten gleichen Alters und Intelligenzniveaus, die vor Beginn und nach Ende einer freien Phase zwischen zwei Semestern gescannt wurden. Die Gruppen unterschieden sich weder in ihren Hobbys noch in ihren alltäglichen Aktivitäten oder ihren Vorlieben. Doch selbst nach dieser kurzen Lernphase, die nicht mehr als zwei Wochen betrug, waren deutliche Unterschiede zwischen den Hirnscans beider Gruppen erkennbar. Bei den Testpersonen, die in dieser Zeit gebüffelt hatten, hatte die Menge an grauer Substanz im Frontalhirn stark zugenommen. Diese Bereiche des Gehirns sind tatsächlich für das Lernen, das Kontrollieren auf Fehler hin (in diesem Fall: daraufhin, ob man den richtigen Lernstoff aufnimmt) und das Speichern von Informationen im Gedächtnis wichtig.[1]

ZUM ABSCHLUSS

Jeden Tag werden tausende neuer Zellen in unserem Gehirn gebildet. Diese Zellen entstehen nicht grundlos: Sie ermöglichen es uns, im übertragenen wie im buchstäblichen Sinne zu wachsen. Das geschieht jedoch nicht von selbst, mit halben Sachen ist unserem Gehirn nicht gedient. Wenn wir möchten, dass unser Gehirn wächst, werden wir dafür arbeiten müssen. Unser Gehirn ist wie ein Muskel: Ohne Anstrengung wird es nicht größer. Habe ich etwa behauptet, es wäre einfach?

2. Schlafe!

SCHLAF IM TIERREICH

Haben Sie schon einmal ausgerechnet, wie viel Lebenszeit Sie (ver)schlafen? Ich rechne es Ihnen mal vor: Bei einer durchschnittlichen Lebenserwartung von 80 Jahren (78 Jahre für Männer, 82 für Frauen) und einer Nachtruhe von 8 Stunden verschlafen Sie 27 Jahre Ihres Lebens – und immerhin noch gut 20 Jahre, wenn Sie pro Nacht mit 6 Stunden Schlaf auskommen. Es ist so, als hätten Sie Ihre ganze Jugend und Ihre junge Erwachsenenzeit mit Schlafen zugebracht. Ein viertel Jahrhundert ihrer Zeit auf Erden befinden Sie sich ziellos und nutzlos im „Tod von jedem Lebenstag" *(„the death of each day's life")*[2].

Wir stehen damit nicht allein da: Alle Tiere schlafen. Schlaf ist ein Phänomen, das sich in der Entwicklungskette vom Menschen bis weit hinab ins Tierreich zieht. Auch Kakerlaken schlafen: Zumindest befinden sie sich zeitweise in einem Zustand, in dem sie sich nicht bewegen und nur schwer zu Aktivität anregen lassen, was daher als Schlaf interpretiert wird. Dasselbe gilt für Skorpione. Sogar die Fruchtfliege kennt einen klaren Tag-und-Nachtrhythmus. Auch Schildkröten, die sich ja tagsüber nicht gerade übermäßig anzustrengen scheinen, schlafen, und wenn man sie stört, holen sie den notwendigen Schlaf später nach. Selbst Delfine, von denen man sich nur schwer vorstellen kann, wie sie im Schlaf überleben können (schließlich müssen sie zum Atmen regelmäßig an die Wasseroberfläche kommen), kennen eine Nachtruhe. Sie haben dazu eine geniale Lösung gefunden: Sie schlafen abwechselnd mit nur einer Hälfte des Gehirns. So können Sie während ihres – buchstäblichen – Halbschlafs weiterschwimmen. Das Schlafbedürfnis ist jedoch nicht bei allen Tierarten gleich stark ausgeprägt. Wenn Sie glauben, dass wir Menschen viel Schlaf brauchen, sollten Sie sich mal die Fledermäuse ansehen, die 20 von 24 Stunden verschlafen. Der Elefant und die Giraffe dagegen nur 3.[3]

Schlaf ist im Tierreich also ein (ziemlich) universelles Phänomen und daher eine Eigenschaft, die im Laufe der Evolution bewahrt wurde. Das legt die Annahme nahe, dass Schlaf lebenswichtig ist; warum sollte ein solches Phänomen sonst viele Millionen Jahre der Entwicklung überstanden haben? Es ist schwer vorstellbar, aus welchem Grund wir – und die anderen Tiere – einen so großen Teil unseres doch allzu kurzen Erdendaseins in einem Zustand wehrloser Abhängigkeit verbringen sollten, wenn wir nicht davon ausgingen, dass dieser Zustand auch seine nützlichen Seiten hat.

Die Bedeutung von Schlaf wird zudem von den Symptomen bekräftigt, die sich bei uns zeigen, wenn wir ihn unterbrechen: Schlafentzug führt immer (jedenfalls beim Menschen – und, wie gesagt, bei der Schildkröte) zu einem starken Schlafbedürfnis. Langfristiger Schlafmangel ist gerade wegen dieses stärker werdenden Drangs einzuschlafen eine äußerst unangenehme Erfahrung.[4] Der Schlaf drängt sich in unser Dasein, sogar ohne dass es uns bewusst wird – was zum Beispiel natürlich im Verkehr sehr gefährlich ist. Es gibt sogenannte Mikroschlafphasen (Sekundenschlaf), die man auch bei Fliegen, Fischen, Mäusen, Ratten, Kaninchen, Hamstern und Delfinen beobachten kann. Der Körper setzt alles daran, dem Schlafmangel abzuhelfen, und sei es in den kleinstmöglichen Dosierungen, die sich mit dem Leben vereinbaren lassen (oder wie im Verkehr eben gerade nicht). Der Schlaf, der dem Schlafentzug folgt, dient dazu, die sogenannte „Schlafschuld" auszugleichen: Er ist tiefer, und wenn sich die Möglichkeit dazu bietet, auch länger. Auch das ist ein ziemlich universelles Phänomen, ein Merkmal, das wir mit den eher einfachen Geschöpfen der Erde teilen: Wenn Fruchtfliegen keine Möglichkeit zum Schlafen bekommen, zum Beispiel weil die Flasche, in der sie sich befinden, immer wieder ausgerechnet in dem Moment, in dem sie einschlafen wollen, umgedreht wird, werden sie den verlorenen Schlaf nachholen, sobald sie die Chance dazu bekommen.

Anhaltender Schlafmangel führt letztlich zum Tod, jedenfalls bei Ratten. Das Experiment, das dafür den Beweis liefert, ist aus verständlichen Gründen nicht oft wiederholt worden, lässt aber wenig Raum, an dieser Tatsache zu zweifeln. In dieser Studie hatte man Ratten einzeln auf eine Drehscheibe gesetzt, die sich über einem Wasserbottich befand. Sobald die Ratte den Eindruck machte einzuschlafen, wurde die Scheibe gedreht, so dass die Ratte aufstehen und gegen die Drehrichtung laufen musste, um nicht ins Wasser zu fallen. Die Ratten, die diesem Experiment ausgesetzt waren, verloren stark an Gewicht, ihr Fell wurde stumpf, die Haare fielen ihnen aus und an ihrem Schwanz bildeten sich Geschwüre. Letztlich starben sie alle innerhalb eines Zeitraums von 11 bis 32 Tagen. Dieser tödliche Verlauf war auch bei Fruchtfliegen und Kakerlaken (warum dieses Insekt so oft zu Schlafexperimenten herangezogen wird, ist mir ein Rätsel) zu beobachten, wenn ihnen der Schlaf lange genug entzogen wurde. Schlaf ist, kurz gesagt, wesentlich für das Überleben. Daran gibt es keinen Zweifel. Aber warum ist das so? Fangen wir am Anfang an. Bei den Babys also.

SCHLAF UND GEHIRNENTWICKLUNG

Babys schlafen viel. Auch dabei handelt es sich um ein allgemeines Phänomen – zumindest bei Säugetieren. Je jünger das (Tier-)Kind ist, desto länger ist die Phase, die es mit Schlafen zubringt. Das ist natürlich kein Zufall und der Gedanke liegt nahe, dass Schlaf – zumindest in dieser Lebensphase – mit der Entwicklung und Reifung des Gehirns zu tun hat. Das ist tatsächlich richtig.

Das Gehirn entwickelt sich aufgrund dessen, was es durchlebt. Und nicht nur das, seine Entwicklung ist stark an sogenannte kritische Phasen gebunden. Findet eine Stimulation später (oder früher) statt, ist der Effekt auf die Entwicklung des Gehirns gleich null. Das gilt auch für einen der am gründlichsten erforschten Bereiche: für das visuelle System des Gehirns.

Wenn man bei jungen Katzen ein Auge abdeckt, kommt die Entwicklung der Gehirnregion, die in Zusammenhang mit dem Sehen dieses Auges steht, kaum in Gang. Doch das Gehirn versucht den Verlust zu kompensieren, indem es die Hirnregion, die für das Sehen des anderen (nicht abgedeckten) Auges verantwortlich ist, vergrößert. Anders gesagt, das gute Auge, oder zumindest der Teil des Gehirns, der dafür zuständig ist, wird für Lichtreize empfindlicher. Das Gehirn ist also flexibel und wird von den Reizen der Umgebung beeinflusst. Das ist an sich schon eine bemerkenswerte Tatsache. Aber mit Schlaf scheint das zunächst wenig zu tun zu haben. Vielleicht aber doch: Denn offenbar ist die Nachtruhe für die Regenerationsfähigkeit des Gehirns essenziell – zumindest bei Katzen.

In einem Experiment aus dem Jahr 2001 wurde fünf Wochen alten Katzen ein Auge abgeklebt, anschließend wurden sie in zwei Gruppen aufgeteilt. Eine Gruppe durfte nach dem Abkleben des Auges sechs Stunden schlafen, die zweite Gruppe wurde wach gehalten. Nach dem Schlaf (ebenso wie nach der wachen Phase) wurde das gute Auge durch Lichtblitze stimuliert und hierbei die Aktivität der visuellen Hirnrinde im Gehirn der Katze gemessen. Die Forscher erwarteten, dass die Hirnregion, die für die Sehfähigkeit des „guten" Auges verantwortlich war, ein stärkeres Signal senden würde, da sie die Funktion des abgedeckten Auges mit übernommen hatte. Das geschah auch; aber nur bei den Katzen, die (im Dunkeln) eine normale Nachtruhe genossen hatten: Bei dieser Gruppe hatte sich das Gehirnsignal nach der Stimulation durch Licht deutlich verstärkt. Das Gehirn dieser Katzen hatte sich also an den Verlust des abgedeckten Auges angepasst. Aber wie erging es den Katzen, die überhaupt nicht schlafen durften? Bei ihnen blieb die Kompensation in der Hirnregion des guten Auges völlig aus: Als das Auge stimuliert wurde, verstärkte sich das Signal im Gehirn nicht. Anders formuliert, die Plastizität des Gehirns, die Fähigkeit, sich zu verändern und Schäden zu kompensieren, ist von einer normalen Nachtruhe abhängig. Ohne Schlaf kein gesundes Gehirn. Und das gilt nicht nur für Katzen.

Es ist schon geraume Zeit bekannt, dass bei Tieren und Menschen fortwährend eine Neubildung von Nervenzellen im Gehirn stattfindet, vor allem im Hippocampus, der Region, die für das Speichern neuer Fakten im Gedächtnis zuständig ist. In einer Studie der Princeton-Universität wurden einige Ratten tagelang wach gehalten, während man andere Tiere regelmäßig und zu normalen Zeiten schlafen ließ. Nach drei Tagen Schlafentzug wurde deutlich, dass sich in der ersten Gruppe die Zahl neugebildeter Nervenzellen im Vergleich zu der Gruppe der Tiere, die schlafen durften, halbiert hatte. Wie lässt sich dieser Effekt erklären? Offenbar war die verminderte Zellbildung im Hippocampus völlig auf die Zunahme des Stresshormons Cortisol im Blut zurückzuführen; diese Erhöhung war ihrerseits eine Folge des Stresses, der von dem anhaltenden Schlafmangel hervorgerufen worden war. Da Cortisol die Bildung neuer Zellen im Hippocampus hemmt, geht die Auswirkung des Schlafentzugs letztlich auf das Konto nicht spezifischer Stresseffekte auf das Gehirn.[5]

Schlafmangel führt also wegen der Zunahme an Stress dazu, dass die Neubildung von Nervenzellen in der Hirnregion, die für die Speicherung neuer Informationen zuständig ist, gehemmt wird. Bedeutet das im Umkehrschluss, dass Schlaf für ein gut funktionierendes Gedächtnis wichtig ist? Schließlich ist ja, wie schon erwähnt, der Hippocampus maßgeblich an der Speicherung neuer Informationen beteiligt. In der Tat, und zwar in nicht geringem Maße.

SCHLAF UND GEDÄCHTNIS

Ihre Mutter oder Ihre Großmutter hat Ihnen vielleicht einmal dazu geraten, in der Nacht vor einer Prüfung das Buch, aus dem Sie tagsüber gelernt haben, unter Ihr Kissen zu legen. In der Hoffnung, dass Sie am nächsten Tag bei der Prüfung besser abschneiden würden. Sie haben diesen freundlichen Ratschlag sicherlich als unwissenschaftliches Ammenmärchen abgetan. Aber vielleicht ist es doch klug, dieser alten Weisheit wieder mehr Respekt zu zollen, denn offenbar hat sie mehr für sich, als Sie (und ich auf jeden Fall) bisher dachten. Obwohl bei dem nachfolgend geschilderten Experiment kein Buch Anwendung fand, unterscheidet sich dessen Prinzip nicht von dem Ihrer Mutter bzw. Großmutter.

Es handelt sich dabei um ein ausgesprochen geniales Experiment, bei dem sich achtzehn Freiwillige einer Gedächtnisaufgabe stellten, die dem Gesellschaftsspiel *Memory* sehr ähnlich war. Das Spiel bestand aus einer Vielzahl von Kartenpaaren (mit zwei identischen Blumen, Vögeln, Figuren usw.), die mit der Rückseite nach oben willkürlich innerhalb eines Rechtecks verteilt worden waren. Die Teilnehmer durften abwechselnd zwei Karten kurz umdrehen und sie dann wieder mit der Rückseite nach oben zurücklegen. Ziel war es, Paare zu sammeln, indem sie sich einprägten, wo die identischen Karten lagen. Der Erfolg bei diesem Spiel ist in hohem Maß von der Funktionsfähigkeit des Frontalhirns und des Hippocampus abhängig, denn diese Regionen speichern Fakten jeweils entweder für sehr kurze (für Minuten) oder für lange Zeit.[6]

In dieser Studie machten die Versuchspersonen den Test abends am Computer und legten sich kurz darauf in einem speziell für sie im Labor eingerichteten Raum schlafen. Am nächsten Morgen wurde der Test wiederholt, um zu sehen, ob sich ihre Erinnerungsleistung durch den Schlaf verbessert hatte. Die Forscher hatten allerdings den experimentellen Aufbau um ein besonderes Element ergänzt. Während die Probanden (in der Sitzung vor dem Schlafengehen) das Spiel erlernten, wurde bei der Hälfte von ihnen ein Rosenduft im Testraum versprüht, bei der anderen Hälfte hingegen nicht. Bei allen Testpersonen wurde dieser Geruch später, während sie schliefen, in ihren Schlafräumen im Labor versprüht. Doch das geschah nicht sofort: Der Rosengeruch wurde erst bei Eintreten des Tiefschlafs vernebelt (er lässt sich mit Hilfe elektrischer Signale, dem sogenannten EEG, messen). Im Tiefschlaf befindet man sich vor allem in den ersten (drei) Stunden der Nacht. Wie gesagt, der Kartentest wurde am folgenden Tag wiederaufgenommen. Und was zeigte sich? Die Leistungen in der Gruppe, bei der der Rosenduft sowohl während des Kartentests als auch während des Tiefschlafs versprüht worden war, waren viel besser. Diese Versuchspersonen hatten sich 20 Prozent mehr Kartenpaare gemerkt als ihre Testgenossen.

Wie kann ein Geruch, der beim Trainieren eines Gedächtnisspiels im Raum ist und im (Tief-)Schlaf erneut wahrgenommen wird, die Gedächtnisleistung am folgenden Tag verbessern? Offenbar bildet sich eine Verknüpfung im Gehirn und es wird – unbewusst – ein Zusammenhang zwischen dem Rosenduft und der Aktivität bestimmter Gehirnareale wie dem Hippocampus hergestellt. Das war bei diesem Test der Fall: In dem Moment, in dem der Hippocampus äußerst aktiv war, um sich die Kartenpaare einzuprägen, registrierte ein anderer Teil des Gehirns den Rosenduft. Nachts geschah das Umgekehrte: Das Gehirn bemerkte den Rosenduft und der Hippocampus wurde – durch die zuvor hergestellte Verknüpfung – aktiviert. Der Duft aktivierte also die Hirnregion, in der die tagsüber aufgenommenen Fakten gespeichert worden waren – um sie am darauf folgenden Tag wiederzuverwenden. So als hätte das Gehirn im Schlaf noch einmal die Vokabeln wiederholt.[7] Und das macht der Hippocampus tatsächlich, wie eine andere Studie zeigt.

In dieser Studie widmeten sich drei Gruppen von jeweils 12 Testpersonen einer räumlichen Aufgabe. Sie sollten in einer virtuellen Stadt einen Weg zu einem vorher benannten Ziel finden. Zwei der drei Gruppen machten den Test abends kurz vor dem Schlafengehen. Bei der ersten Gruppe wurde ein Hirnscan durchgeführt, während die Testpersonen die richtige Route suchten, so dass die Aktivität in den einzelnen Teilen des Gehirns gemessen werden konnte. Bei der zweiten Gruppe, die den Test ebenfalls vor dem Schlafengehen gemacht hatte, wurde die Gehirnaktivität während des Schlafs im Labor gemessen. Auch bei der dritten Teilgruppe wurde die Gehirnaktivität während des Schlafes gemessen, doch diese Testpersonen hatten die räumliche Aufgabe überhaupt nicht gemacht. Sie bildeten die Kontrollgruppe. Am nächsten Tag wiederholten die ersten beiden Gruppen die räumliche Aufgabe noch einmal, nun aber in einer anderen virtuellen Stadt.

Bei der Gruppe, deren Hirnaktivität während des Tests gemessen wurde, zeigte sich tatsächlich, dass der Hippocampus bei der Lösung räumlicher Aufgaben aktiv war. Und nicht nur das: Je besser die Testperson abschnitt, desto größer war die Aktivität in diesem Teil des Gehirns.

Das ist ein interessantes, aber kein erstaunliches Ergebnis, denn es ist schon lange bekannt, dass der Hippocampus für das Erlernen von räumlichen und anderen Sachverhalten verantwortlich ist. Viel bemerkenswerter und neuartiger war die Erkenntnis, dass dieselbe Hirnregion auch im Tiefschlaf aktiv war (wie die nächtlichen Messungen der Gehirnaktivität bei der Gruppe ergaben, die die Aufgabe vor dem Schlafengehen gelöst hatte). Allerdings galt das nur für die Gruppe, die den räumlichen Test kurz vor dem Zubettgehen absolviert hatte, in der Kontrollgruppe, die den Test nicht gemacht hatte, blieb der Hippocampus im Schlaf völlig inaktiv.

Dass diese nächtliche Reaktivierung des Hippocampus tatsächlich mit der zuvor durchgeführten räumlichen Aufgabe zusammenhing, ging aus folgender Beobachtung hervor: Die Leistung am darauf folgenden Tag, an dem der Test wiederholt wurde, stand offensichtlich in Zusammenhang mit der nächtlichen (Re-)Aktivierung des Hippocampus. Je stärker die Aktivität des Hippocampus im (Tief-)Schlaf gewesen war, desto besser waren die Testergebnisse am nächsten Tag. Schlaf fördert also, kurz gesagt, unsere Gedächtnisleistung, ohne dass wir uns dessen bewusst sind.

Nachtruhe ist jedoch auch für einen anderen, ebenso grundlegenden Prozess im Gehirn von Bedeutung: um eine Einsicht in ein schier unlösbares Problem zu erlangen. Man könnte auch sagen: Wir treffen Entscheidungen im Schlaf.

SCHLAF UND EINSICHT

Sie haben wahrscheinlich auch schon einmal die Erfahrung gemacht, dass Sie morgens aufgestanden sind und auf einmal die Antwort auf eine Frage wussten, die Ihnen am Vortag noch ein Rätsel gewesen war. Sie fanden eine Lösung, die Ihnen zuvor entgangen war, nun aber, nach einer guten Nachtruhe, überdeutlich und glasklar vor Augen stand, ohne dass Sie nur einen Moment darüber nachdenken mussten. Eine Nacht darüber zu schlafen, hat schon ausgereicht. Das stimmt tatsächlich. Und wir wissen auch, wie das funktioniert.

Eine Gruppe von 66 gesunden Testpersonen hat an einer Studie der Universität Lübeck teilgenommen. Sie machten einen Computertest, bei dem sie in aufeinanderfolgenden Zahlenreihen ein Muster erkennen sollten. Um dieses Muster zu erkennen, erhielten sie bei jedem Schritt einen Hinweis, bis ihre Antwort richtig war. Letztendlich findet die Testperson durch die Hinweise zwar die richtige Antwort, doch das ist ein langsamer Prozess, da es immer nur Schritt für Schritt geht. Es gibt jedoch einen schnelleren Weg. Dazu muss die Testperson allerdings erst die „versteckte" Regel entdecken, die die Reihen verbindet. Ohne dass die Testpersonen darauf hinweisen mussten, war sofort erkennbar, wenn sie das versteckte Muster entdeckt hatten. Denn dann benötigten sie viel weniger Zeit, um die richtige – abschließende – Antwort im Test zu finden.

Am ersten Tag des Experiments wurde den Testpersonen das Prinzip des Tests erklärt und sie wurden kurz darin geschult. Danach durfte ein Teil der Gruppe eine Nacht schlafen (das Testtraining wurde um elf Uhr abends durchgeführt), ein anderer Teil wurde wach gehalten und eine dritter wurde erst morgens trainiert und am Ende desselben Tages getestet (sie konnten keine Nacht darüber schlafen, waren aber auch nicht müde). In dieser letzten Gruppe entdeckten etwa 20 Prozent der Probanden während des Tests ohne Hinweise die verborgene Regel; dieser Prozentsatz entsprach dem der Gruppe, die nachts wach gehalten worden war. Völlig anders verlief der Test bei den Versuchspersonen, die die Möglichkeit hatten, eine Nacht darüber zu schlafen. In dieser Gruppe entdeckten wohlgemerkt 60 Prozent der Testpersonen am nächsten Tag das verborgene Prinzip: dreimal so viele wie in den Gruppen, die nicht geschlafen hatten. Anders gesagt: Eine Nacht über ein Problem zu schlafen, erhöht die Chance, dessen Lösung zu erkennen. Völlig mühelos.

ZUM ABSCHLUSS

Eine gute Nachtruhe trägt wesentlich zum optimalen Funktionieren unseres Gehirns bei. Schlaf ist für die normale Entwicklung des Gehirns wie auch für seine Fähigkeit, Schäden zu reparieren und neue Zellen zu bilden, notwendig. Man kann sagen: Wir brauchen Schlaf, um unser Gehirn flexibel zu halten. Außerdem ist Schlaf offenbar wichtig, um zu lernen und verborgene Zusammenhänge zu entwirren. Sollte das der einzige Grund dafür sein, dass Menschen und Tiere einen derart großen Teil ihres Lebens im Schlaf verbringen? Sicherlich nicht. Schon bei Shakespeare heißt es, Schlaf sei „das nährendste Gericht beim Fest des Lebens" *(„Chief nourisher in life's feast")*[8].

Tatsächlich geht aus neusten Untersuchungen hervor, dass Schlaf auch beim Wiederaufbau des Energieniveaus eine Rolle spielt. Zumindest bei Ratten. Denn bei ihnen wurde nachgewiesen, dass das Molekül Adenosintriphosphat (ATP), das bei fast allen Lebewesen den Energiehaushalt reguliert, in den ersten Stunden des Schlafes zunimmt. Bei Fruchtfliegen weiß man, dass sie, je aktiver sie tagsüber sind, umso mehr schlafen müssen, um ihr Energieniveau aufrechtzuerhalten. Bei uns Menschen verhält sich das wohl nicht anders. Aber wir wissen noch nicht genau, wie das im Einzelnen funktioniert. Wie Schlaf die Struktur und die Funktion unseres Gehirns beeinflusst, haben Sie nun gelesen. Und dieses Wissen sollten Sie sich zunutze machen. Schlafen Sie gut!

3. Mach Musik!

EINE LANGE GESCHICHTE

Wir machen schon seit mindestens 35 000 Jahren Musik. Zumindest stammt eines der ältesten bekannten Musikinstrumente aus dem Jungpaläolithikum, das mehr als fünfunddreißig Jahrtausende zurückliegt. Es handelt sich um eine Flöte, die aus dem Flügelknochen eines Gänsegeiers *(Gyps fulvus)* hergestellt wurde, eines Vogels, der noch immer in Europa zu finden ist. Es ist gut nachvollziehbar, warum sich unsere fernen Vorfahren den Knochen dieses Vogels zur Herstellung einer Flöte ausgesucht haben: Er ist nicht nur hohl, sondern aufgrund der Flügelspannweite des Vogels von zweieinhalb Metern auch stabil und lang genug. Das Instrument stammt aus einer Epoche, in der sich unsere direkten Vorfahren die europäischen Ebenen und Hochländer mit den Neandertalern teilten. Wir Menschen machten also schon Musik, bevor wir lesen, schreiben und dichten konnten.

Dennoch ist Musizieren keine spezifisch menschliche Tätigkeit. Vögel singen natürlich ebenfalls und auch Wale machen Musik – ihr Gesang hat einen Tonumfang von sieben Oktaven! Selbst das Spielen eines Instruments ist nicht auf den Menschen beschränkt: Der Palmkakadu, der in Nordostaustralien und Papua-Neuguinea beheimatet ist, bricht sich Ästchen ab, hält diesen Trommelstock mit seiner Kralle fest und verwendet ihn dann dazu, auf einem nach Resonanz und Tonart sorgfältig ausgesuchten Baumstamm ein Lied zu trommeln.

Die Frage ist eher, warum wir Menschen überhaupt Musik machen. Bei Tieren kennen wir die Antwort: Musik ist für sie ein Mittel, um zu kommunizieren, einen geeigneten Partner zu finden und mit der eigenen Gesundheit zu prahlen. Aber wie steht es mit uns? Machen wir Musik, um den sozialen Zusammenhalt der Gruppe zu stärken? Tatsächlich musizierten die Höhlenbewohner bei Begräbnis- und Kampfritualen. Vielleicht half ihnen die Musik auch, einen geeigneten Partner zu finden? Wir können Musik genießen, so viel ist klar: Musik, die wir schön finden, stimuliert das Belohnungssystem im Gehirn auf die gleiche Weise wie Geldverdienen, der Anblick eines schönen Mannes oder einer schönen Frau und Sex. Doch sind musikalische Menschen auch gesünder, stärker und intelligenter?

Das fragte Darwin sich schon 1871: „Da weder die Freude an dem Hervorbringen musikalischer Töne noch die Fähigkeit hierzu von dem geringsten Nutzen für den Menschen in Beziehungen zu seinen gewöhnlichen Lebensverrichtungen sind, so müssen sie unter die mysteriösesten gerechnet werden, mit denen er versehen ist."[9] Dennoch scheint Musizieren nicht nur für Tiere, sondern auch für Menschen evolutionär vorteilhaft zu sein. Denn das Gehirn wird dadurch größer und leistungsfähiger. Und nicht nur das, wir werden auch intelligenter.

VOM KLEINEN FINGER

Das Empfinden in und auf unserem Körper wird in genau definierten und allgemein bekannten Arealen im Gehirn registriert. Das gilt für unseren gesamten Körper. Doch nicht jeder Körperteil erhält gleich viel Aufmerksamkeit, sprich – im buchstäblichen Sinne – gleich viel Raum im Gehirn. Hier gilt vielmehr: Je feinfühliger das fragliche Empfinden, desto größer die Hirnregion, die dafür beansprucht werden kann.

Die Haut des Rückens wird zum Beispiel nur von einem kleinen Gebiet im Gehirn repräsentiert, obwohl sie einen großen Teil unserer Körperoberfläche ausmacht. Der Bereich, der die Lippen und die Zunge repräsentiert, ist dagegen um ein

Vielfaches größer, weil wir sie brauchen, um zu schmecken, zu essen und zu sprechen. Auch die Areale, die den fünf Fingern im Gehirn zur Verfügung stehen, sind nicht gleich groß. Im Gegenteil, das Gebiet, das den Daumen repräsentiert, ist das größte, gefolgt von dem des Zeigefingers, während der kleine Finger nur einen kleines Stückchen Hirnrinde für sich in Anspruch nehmen kann. Das gilt in der Regel erst recht für den linken kleinen Finger, denn die meisten von uns sind Rechtshänder.

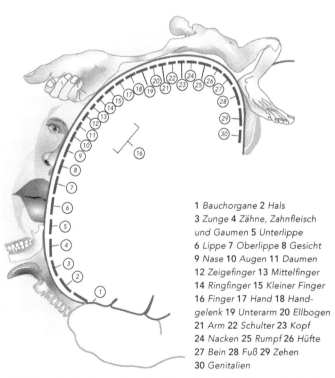

1 Bauchorgane 2 Hals
3 Zunge 4 Zähne, Zahnfleisch und Gaumen 5 Unterlippe
6 Lippe 7 Oberlippe 8 Gesicht
9 Nase 10 Augen 11 Daumen
12 Zeigefinger 13 Mittelfinger
14 Ringfinger 15 Kleiner Finger
16 Finger 17 Hand 18 Handgelenk 19 Unterarm 20 Ellbogen
21 Arm 22 Schulter 23 Kopf
24 Nacken 25 Rumpf 26 Hüfte
27 Bein 28 Fuß 29 Zehen
30 Genitalien

Abbildung 2: Repräsentation der körperlichen Funktionen im Gehirn (Querschnitt).

Die kleine Hirnregion, die das Empfinden in unserem linken kleinen Finger repräsentiert, macht also nur einen geringen Teil der sensorischen Rinde (des Cingulums) aus. Außer bei einer bestimmten Gruppe von Menschen, für die ihr linker kleiner Finger besonders wichtig ist. Bei ihnen sind Feinfühligkeit und Geschicklichkeit dieses Fingers, dem in der Hirnrinde ein so unbedeutender kleiner Platz zugewiesen wurde, extrem stark ausgebildet. Ihr linker kleiner Finger macht quasi Überstunden. Und um wen handelt es sich dabei? Um die Geiger.

Spielen Sie Geige (oder ein anderes Streichinstrument) oder haben Sie schon einmal genau beobachtet, wie Streicher und Streicherinnen musizieren?

Wenn ja, dann wissen Sie schon, dass die Saiten mit der linken Hand bespielt werden, während die rechte Hand den Bogen führt. Allerdings wird nicht die ganze linke Hand gebraucht, um die Saiten zu bespielen; der Daumen liegt hinter dem Hals des Instruments und fixiert nur die Position. Im Daumen braucht man also nicht viel Gefühl. Die Feinfühligkeit der anderen vier Finger der linken Hand ist dafür umso wichtiger: Für das Vibrato und um zu fühlen, wie tief die Saite gedrückt werden soll, müssen sie besonders empfindsam auf Druck reagieren.

Wissenschaftler der deutschen Universitäten Konstanz und Münster und der amerikanischen Universität Alabama kamen daher zu dem Schluss, dass der intensive Einsatz des linken kleinen Fingers bei Geigern und Geigerinnen zu Veränderungen in ihrem Gehirn führen müsste. Sie vermuten, dass es für das Gehirn nicht folgenlos bleiben würde, wenn man so etwas Unnatürliches tut, wie mit dem linken kleinen Finger eine Saite zu drücken. Genauer gesagt, sie nahmen an, dass der Bereich, der im Gehirn für das Gefühl im linken kleinen Finger zuständig ist, bei Streichern größer als bei Nicht-Streichern ist. Daher beschlossen sie, die Empfindsamkeit der kleinen Finger und der Daumen beider Hände zu messen. Sie verwendeten dazu ein kleines Gerät, mit dem ein leichter Luftdruck auf die Finger erzeugt werden konnte. Er ist zwar kaum spürbar, aber das Gehirn bemerkt den Unterschied dennoch. Und das wiederum ist messbar, indem man die elektrischen Signale des Gehirns registriert.

Die Wissenschaftler verglichen neun Musiker im Alter von etwa 24 Jahren, die im Durchschnitt schon zwölf Jahre ein Streichinstrument spielten, mit sechs weiteren Personen, die gewissermaßen noch nie ein Musikinstrument in Händen gehalten hatten. Sie verpassten den Daumen und den kleinen Fingern jeder Hand abwechselnd kleine Luftstöße und dokumentierten anschließend die Gehirnaktivitäten der Testpersonen.

Die Resultate waren mehr als deutlich: Bei den Streichern erzeugte der Bereich im Gehirn, der das Empfinden des linken kleinen Fingers repräsentiert, ein viel stärkeres Signal als bei den Kontrollpersonen; wohingegen sich die Hirnaktivitäten im Daumengebiet bei beiden Gruppen nicht unterschieden. Auch die Gehirnregion, die alle Finger der linken Hand repräsentierte, war bei den Streichern im Vergleich zu ihren nicht musizierenden Altersgenossen vergrößert. Zudem war auffallend, dass sich ein deutlicher Zusammenhang zwischen der Zeit ergab, die ein Musiker sein Instrument bereits spielte, und der Größe und Sensibilität dieser Hirnregion.

Das legt den Schluss nahe, dass die Hirnregion erst durch das viele Spielen und Üben sensibler *geworden* ist. Denn wenn es nur eine Frage der Begabung gewesen wäre, hätte der Effekt bei allen Streichern ungefähr gleich stark ausgeprägt sein müssen. Aber das war nicht der Fall: Je mehr der linke kleine Finger sich anstrengen musste, desto größer war der Bereich, der für ihn im Gehirn reserviert ist. Dieser Unterschied ist erheblich: Die Aktivität des für den linken kleinen Finger reservierten Gehirnbereichs ist bei Streichern, die mit etwa fünf Jahren mit dem Geigenspiel begonnen haben, doppelt so hoch wie bei Geigern, die erst mit etwa zwölf Jahren zum Bogen gegriffen haben.

ÜBER LINKS UND RECHTS UND ALLES, WAS DAZWISCHENLIEGT

So wie sich Geiger für Gehirnstudien gut eignen, weil ihrem linken kleinen Finger besondere Anstrengungen abverlangt worden sind, eignen sich auch Pianisten dafür, weil bei ihrem Musizieren ihr ganzes Gehirn gefordert ist. Der Grund dafür liegt in der notwendigen Koordination zwischen der rechten und der linken Hand. All ihre Bewegungen müssen nicht nur fließend und zielsicher sein; auch die Koordination beider Hände (und wenn sie vom Blatt spielen, auch die Hand-Augen-Koordination) ist von wesentlicher Bedeutung.

Die Bewegungskoordination wird von einer besonderen, umfangreichen Hirnregion reguliert, die man als das Kleinhirn bezeichnet, da sie als eine Art separates Gehirn hinter und unterhalb des „Großhirns" liegt. Das Kleinhirn ist der Teil des Gehirns, der die unterschiedlichen Aspekte unseres Verhaltens miteinander in Einklang bringt. Auch die Motorik. Die Koordination des Bewegungsflusses beider Hände ist, wie gesagt, ein wichtiger Aspekt beim Klavierspielen.

Daher waren die Wissenschaftler der Heinrich-Heine-Universität in Düsseldorf besonders am Kleinhirn von Pianisten interessiert. Sie verglichen die Hirnscans von 60 Studierenden des Konservatoriums, die als Hauptfach Klavier belegt hatten, mit ebenso vielen Scans anderer Studenten (überwiegend Medizinstudenten) gleichen Alters und Bildungsniveaus, die niemals ein Instrument gespielt hatten. Wie erwartet war das Kleinhirnvolumen der Pianisten im Vergleich zu ihren nicht musizierenden Kollegen wesentlich größer. Auch hier zeigte sich deutlich, dass der Umfang des Kleinhirns in direkter Relation zur täglichen Übungszeit der Pianisten stand: Je häufiger und je länger sie am Klavier saßen, desto größer war das Volumen ihres Kleinhirns. Der Einfluss der geleisteten Übungsstunden konnte hierbei bis zu 40 Prozent ausmachen.

An der Bewegungskoordination ist jedoch nicht nur das Kleinhirn beteiligt. Vor allem wenn es um den Zusammenhang zwischen links und rechts geht, spielt eine andere Hirnregion die Hauptrolle: der Balken, der sich im Zentrum des Gehirns befindet. Er bündelt alle Verbindungsbahnen zwischen der rechten und der linken Gehirnhälfte. Jedes Signal, das im Gehirn von links nach rechts (oder in umgekehrter Richtung) gesendet wird, reist durch diesen Balken.

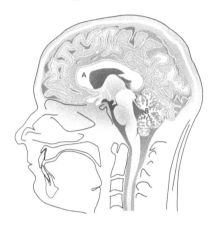

Abbildung 3: Querschnitt durch das Gehirn (Seitenansicht) mit A: dem Gehirnbalken, B: dem Cerebellum (dem Kleinhirn).

Bei einem Gehirn mit viel Verkehr von einer zur anderen Seite erwartet man einen dicken Gehirnbalken. Und bei welchen Menschen ist dieser Links-rechts-Verkehr wohl besonders wichtig, weil sie beide Hände nutzen müssen, um – manchmal in gegensätzlichen Rhythmen – Musik zu machen? In der Tat: bei Pianisten. Daher haben die Wissenschaftler bei der zuvor erwähnten Gruppe von Pianisten und der Kontrollgruppe auch die Dicke des Hirnbalkens untersucht. Wie zu vermuten war, erkannten sie, dass der vordere Teil des Hirnbalkens – der Teil, der die Verbindungsbahnen der Bewegungsnerven im Gehirn enthält – offensichtlich bei den Pianisten beträchtlich dicker war als bei den Studenten der Kontrollgruppe.

ÜBUNG UND FLEISS

Eine schwedische Studie des Karolinska-Instituts, eines der renommiertesten Forschungsinstitute auf dem Gebiet der Hirnforschung, ging noch einen Schritt weiter: Sie wollten herausfinden, ob sich Übung und Fleiß beim Spielen eines Musikinstruments auf die Gehirnentwicklung auswirken. Sie fragten sich also: Ist es für das Gehirnwachstum nicht nur wichtig, ob man musiziert, sondern auch wie viel?

Um diese Frage zu klären, untersuchten sie professionelle Pianisten im durchschnittlichen Alter von 32 Jahren und dokumentierten exakt, wie lange sie geübt hatten (das ließ sich zwar nur im Nachhinein, aber trotzdem verlässlich belegen). In der Regel hatten die Pianisten im Alter von etwa fünf Jahren mit dem Klavierspiel begonnen. Die Forscher entdeckten nicht nur einen unmittelbaren Zusammenhang zwischen der Anzahl der Übungsstunden und der Dicke der Verbindungsbahnen in den Pianistengehirnen. Sie stellten außerdem fest, dass dieser Zusammenhang am stärksten war in Bezug auf die Stundenzahl, die die Pianisten in ihrer Kindheit mit Üben verbracht hatten. Oder anders gesagt: Die Verbindungen in ihrem Gehirn waren vor allem durch das Klavierüben in ihrer Kindheit, das heißt vor ihrem zwölften Lebensjahr, gestärkt worden.

Genau genommen gibt es jedoch nur eine Möglichkeit, wirklich herauszufinden, welche Relation zwischen dem Üben und dem Gehirnwachstum besteht: Man muss das Gehirnvolumen vor und nach einer (langen) Phase des Musizierens messen. Solche Studien wurden tatsächlich durchgeführt, und zwar von Gottfried Schlaug von der Harvard-Universität. Er untersuchte Kinder zwischen fünf und sieben Jahren, die er in zwei Gruppen einteilte: Eine Gruppe von 18 Kindern wurde über einen Zeitraum von nahezu zweieinhalb Jahren allwöchentlich eine halbe Stunde lang privat im Spielen eines Instruments unterrichtet, während 13 andere Kinder diesen Zeitraum von 29 Monaten ohne Instrumentalunterricht verbrachten.

Vor und nach diesem Zeitraum wurde bei allen Kindern die Dicke des Hirnbalkens gemessen. Bei der ersten Messung vor der Unterrichtsphase wurde – wie erwartet – bei beiden Gruppen kein Unterschied in der Dicke festgestellt. Nach 29 Monaten war das jedoch anders: Der Hirnbalken der Kinder, die Instrumentalunterricht genossen hatten, war etwas dicker geworden. Das traf allerdings nicht für alle zu. Die Eltern hatten die Aufgabe, genau zu notieren, wie oft die Kinder zu Hause wirklich geübt hatten. Die Verbindung zwischen beiden Gehirnhälften war offenbar nur bei den Kindern gewachsen, die mindestens zwei Stunden pro Woche geübt hatten (noch immer nicht besonders viel, finde ich). Wenn sie weniger geübt hatten, unterschied sich ihr Gehirn nicht von dem der Kinder, die überhaupt keinen Unterricht gehabt hatten.

MUSIK FÖRDERT DIE EMOTIONALE INTELLIGENZ (EQ)

Doch all diese Veränderungen im Gehirn haben wenig Sinn, wenn sie nicht auch dazu beitragen, das Leben besser zu meistern. Musiker können nicht nur (schöne) Musik machen, sie sind auch in manch anderer Hinsicht besser, die dazu wichtig ist, im Leben gut zurechtzukommen. Sie verfügen offenbar über eine höhere emotionale Intelligenz. Und zwar nicht, weil sie grundsätzlich viel sensibler sind, diese emotionale Intelligenz hängt anscheinend eher mit ihren musikalischen Fähigkeiten zusammen. Musiker können die Sprachmelodie, die sogenannte „Prosodie", die unseren Worten ihre emotionale Bedeutung verleiht, offenbar besser erkennen. So kann derselbe Satz, wird er in einem anderen Tonfall gesprochen, sogar eine gegenteilige Bedeutung erhalten. Selbst ein so kurzes Wort wie „ja" lässt sich auf so viele verschiedene Arten aussprechen, dass es sowohl Zustimmung als auch Langeweile, Skepsis, Ärger oder Zweifel ausdrücken kann. Wir können diese unterschiedlichen Emotionen aus diesem einen Wort herausfiltern, weil wir die Prosodie interpretieren. Die Bedeutung des Wortes selbst zu kennen, trägt jedoch beträchtlich dazu bei, dessen emotionalen Gehalt zu erkennen.

Manche Menschen allerdings können die emotionale Bedeutung von Wörtern sogar dann einschätzen, wenn ihnen die Bedeutung des Wortes selbst unbekannt ist – und zwar Musiker und Musikerinnen. Das zeigte sich, als man französische Musiker mit nicht musizierenden Landsleuten verglich. Beide Gruppen bekamen einen Satz zu hören, der in Portugiesisch gesprochen wurde (einer Sprache, die niemand von ihnen beherrschte). Auch wenn sie von seiner Bedeutung nichts verstanden, konnten die Musiker viel besser entscheiden, ob die Tonhöhe des Gesagten zu seiner Bedeutung passte. Und diese Fähigkeit ist nicht angeboren, sondern erlernt, wie eine Studie mit 43 sechsjährigen Kindern belegt. Diese Kinder wurden in vier Gruppen eingeteilt und ein Jahr lang jede Woche entweder in Klavier, Gesang oder im Theaterspiel unterrichtet. Eine vierte Gruppe, die Kontrollgruppe, erhielt keinerlei Unterricht.

Nach Ablauf des Unterrichtsjahres wurden sie gebeten, Sätze in Englisch und Tagalog (einer Sprache, die nicht mit den indogermanischen Sprachen verwandt ist und auf den Philippinen gesprochen wird) anzuhören und zu entscheiden, ob die Emotionen des gehörten Satzes fröhlich, traurig, angsterfüllt oder wütend waren. Obwohl die vier Gruppen aus denselben sozialen Milieus stammten und ähnlich intelligent waren, konnten die Kinder, die Klavierunterricht gehabt hatten, die Emotionen bei weitem am besten korrekt benennen, und zwar sowohl im Englischen wie auch in der Sprache, die es ihnen unmöglich machte, den Sinn des Gesagten aufzufassen. Das bedeutet, Musikstunden, zumindest Klavierunterricht, fördert eine der wichtigsten menschlichen Eigenschaften: die Fähigkeit, Emotionen aus der Sprache herauszufiltern. Sie unterstützt damit eine für die emotionale Intelligenz grundlegende Fähigkeit.

Dass Musizieren emotionale Intelligenz fördert, ist an sich durchaus nachvollziehbar, hat es doch damit zu tun, Emotionen in Musik zu verwandeln (und umgekehrt!). Aber wie steht es mit der normalen Intelligenz, dem eigentlichen IQ? Trägt Musizieren hier auch zu einer Steigerung bei?

MUSIK FÖRDERT DIE GEWÖHNLICHE INTELLIGENZ (IQ)

Um herauszufinden, ob Musikunterricht sich nicht nur auf unsere emotionale Intelligenz, sondern auch auf unseren normalen IQ auswirkt, setzte Glenn Schellenberg aus Toronto eine Anzeige in alle Lokalzeitungen, in der er einen kostenfreien Unterricht in Kunst und Musik für sechsjährige Kinder anbot. Er hatte sich für dieses Alter entschieden, weil frühere Studien gezeigt hatten, dass – neben einer erblichen Anlage – Musikunterricht vor dem siebten Lebensjahr für die Entwicklung des absoluten Gehörs notwendig ist.

Die Kinder wurden auf der Grundlage eines Interviews mit den Eltern ausgesucht, in dem man herauszufinden versuchte, ob die Kinder wirklich motiviert waren und ob ihnen ein Klavier zur Verfügung stand. Die 144 ausgewählten Kinder wurden gleichmäßig in vier Gruppen aufgeteilt: Drei Gruppen erhielten Unterricht in Gesang, Klavier oder Schauspiel; die vierte Gruppe bekam keinen Unterricht. Zwölf Kinder fielen vorzeitig aus, so dass 132 übrig blieben. Die Kinder wurden am Royal Conservatory of Music in Toronto, dem ältesten und angesehensten Konservatorium in Kanada, von Dozenten unterrichtet, die für einen derartigen Musikunterricht über die höchste Qualifikation verfügten.

Vor und nach der Unterrichtsphase (die ein Jahr umfasste) wurde ein vollständiger IQ-Test durchgeführt. Nach dem Unterrichtsjahr hatte sich der IQ in allen vier Gruppen erhöht, was aufgrund der Vertrautheit mit dem Test und infolge der schulischen Ausbildung ein normales Phänomen war. Am stärksten hatte sich der IQ insgesamt allerdings bei den beiden Gruppen erhöht, die Klavier- und Gesangsunterricht bekommen hatten. Ihr IQ war, um genau zu sein, um 7 Punkte gestiegen, bei den Kindern der Kontrollgruppe jedoch nur um 4 Punkte, es ergab sich also ein Unterschied von 3 Punkten. Vom Theaterunterricht waren die Kinder ebenfalls nicht schlauer geworden.

Eine Steigerung von 3 Punkten mag Ihnen vielleicht gering vorkommen, aber man muss sich vor Augen führen, dass dieser Effekt schon erzielt worden war durch eine Musikstunde pro Woche – wobei noch nicht einmal in Rechnung gestellt wurde, wie viel die Kinder wöchentlich tatsächlich übten. Wenn eine derart kurze Unterrichtsphase sich schon so stark auf die Intelligenz auswirkt, welchen Effekt hätte dann erst jahrelanger Unterricht und fleißiges Üben? Studien dazu gibt es noch nicht, aber wer würde darauf noch warten wollen?

ZUM ABSCHLUSS

Musik zu machen wirkt sich, wenn man früh im Leben damit beginnt und gut übt, stark auf die Entwicklung des Gehirns aus. Es bilden sich vermehrt stabile Verbindungen im Gehirn, und das Musizieren bleibt auch nicht ohne funktionelle Folgen: Sowohl die allgemeine als auch die emotionale Intelligenz erhöhen sich. Vielleicht hat das mysteriöse Bedürfnis des Menschen, Musik zu machen, selbst mehr zum *„survival of the fittest"* beigetragen, als Darwin es noch für möglich gehalten hat. Dass Musizieren uns sensibler machen würde, lag ja nahe. Aber klüger? Wer hätte das gedacht?

4. Stress dich nicht!

DIE STRESSREAKTION

Stress ist ein unvermeidlicher Teil unseres Daseins. Obwohl der Begriff eine negative Konnotation hat, wirkt sich sein Vorhandensein in unserem Leben meistens nicht nachteilig aus. Stress ist schließlich nichts anderes als eine Belastung des Systems, ein vorübergehender Angriff auf unser Gleichgewicht. Kurzzeitiger Stress macht uns sogar wacher, schneller und verbessert unsere kognitive Leistung. Er wird erst zum Problem, wenn die Spannung lange anhält und wir uns ihm nicht entziehen können. Oder wenn wir zumindest das Gefühl haben, wir könnten die Situation, die ihn erzeugt, nicht beeinflussen. Anders ausgedrückt: Belastung wird zur Überlastung, wenn sie kein Ende nimmt – oder kein Ende zu nehmen scheint. Wenn es kein Entrinnen gibt.

Diese letztgenannte Bedingung wird im Labor im wahrsten Sinne des Wortes dazu genutzt, den Einfluss von Stress auf Tiere zu erforschen. In diesen Experimenten werden die Tiere, meistens Ratten oder Mäuse, einige Wochen lang jeweils einige Stunden pro Tag so eingeengt, dass sie sich nicht bewegen können. Das empfinden sie natürlich als stressig, was sich unter anderem an einer starken Erhöhung des Stresshormons in ihrem Blut zeigt. Mit der Zeit greift der Stress ihren ganzen Körper an, sie verlieren an Gewicht, und bei jungen Tieren verringert sich das Wachstum.

Doch die Stressauswirkungen beschränken sich nicht nur auf diese Effekte, auch das Gehirn dieser Tiere wird in Mitleidenschaft gezogen. In erster Linie wird der Hippocampus geschädigt. Dieser Bereich im Zentrum des Gehirns sorgt unter anderem für die Eindämmung der hormonellen Stressreaktion. Er ist dazu mit unzähligen Rezeptoren, Andockstellen für das Stresshormon Cortisol[10] versehen. Wenn Stress entsteht, steigt der Spiegel dieses Hormons im Blut und die Rezeptoren im Hippocampus werden besetzt. Das Gehirn deutet dies als Signal, dass im Körper genügend Stresshormon zirkuliert und es nun Zeit ist, die Hormonproduktion zu drosseln. So sollte es jedenfalls funktionieren, und so funktioniert es auch, wenn der Stress nur kurzfristig ist. Bleibt dieser jedoch länger bestehen, schädigt der anhaltend hohe Cortisolspiegel den Hippocampus. Das ist ungünstig, da damit ausgerechnet der Teil des Gehirns geschädigt wird, der die Stresseffekte eindämmen soll. So entwickelt sich eine Abwärtsspirale: Stress beeinträchtigt den Hippocampus, so dass dieser die Erhöhung des Stresshormons Cortisol in der nächsten Stressphase nicht mehr so effizient eindämmen kann, folglich wird der Hippocampus weiter geschädigt usw.

Dieser Umstand ist an sich schon schlimm genug. Doch durch den hohen Cortisolspiegel wird auch eine andere Hirnregion, die für den Umgang mit Stresssituationen unentbehrlich ist, geschädigt. Es handelt sich hierbei um den Bereich des Gehirns, der für das Entscheiden verantwortlich ist: das Frontalhirn.

STRESS UND ENTSCHEIDUNGEN

Dass Stress das Frontalhirn schädigt, ist noch nicht so lange bekannt, erst seit dem Jahr 2003. Die erste Studie, die diese Tatsache belegen konnte, ist von Susan Cook und Cara Wellman von der Universität von Indiana durchgeführt worden. Die beiden Wissenschaftlerinnen untersuchten die Stressauswirkungen auf das Gehirn junger Ratten, indem sie diese, wie bereits erwähnt, drei Wochen lang jeweils drei Stunden täglich ihrer Bewegungsfreiheit beraubten. Danach legten sie die Gehirne der getöteten Tiere unter das Mikroskop. Sie erkannten dabei, dass sich besonders in der Rinde des Frontalhirns Schädigungen ergeben hatten.

Bei Tieren und Menschen besteht die Hirnrinde aus einer dünnen Zellschicht, die das Gehirn umgibt wie die Rinde eines Baumes den Stamm. Sie ist beim Menschen 2 bis 4 mm dick (bei den Ratten 0,5 mm) und enthält die Kerne der Hirnzellen, die Nervenzentren, in denen sich Signale bilden und die Reize aus der Außen- und Innenwelt des Körpers registriert werden. Außerdem befinden sich in der Hirnrinde die Nervenenden, das sind Ausläufer dieser Kerne, die wiederum die Verbindungen zwischen verschiedenen Zellkernen herstellen. Diese Verästelungen sind an der Kommunikation zwischen den Kernen beteiligt; sie sind für die gegenseitige Abstimmung der Signale notwendig und sehen tatsächlich ein wenig aus wie Äste eines Baumes. Ohne diese Verbindungen verliefen unsere Aktionen unkoordiniert, so als wüsste ein Orchestermusiker nicht, was sein Nebenmann gerade spielt.

Als Cook und Wellman die vordere Hirnrinde der gestressten Ratten eingehend untersuchten, erkannten sie, dass die Verbindungen zwischen den Kernen in der Hirnrinde des Frontalhirns stark beeinträchtigt waren. Die Hirnrinde der gequälten Tiere vermittelte den Eindruck einer kargen Landschaft, mit kümmerlichem Baumwuchs und kahlen Baumkronen. Das Bild, das die Hirnrinde der Kontrolltiere bot, sah hingegen ganz anders aus. Ihre Hirnrinde glich einem Garten voller reich verzweigter Bäume in einem lauschigen winterlichen Wald (denn Blätter gibt es im Gehirn nicht). Und das war kein zufälliges Ergebnis, denn seit dem Jahr 2003, in dem die Studie von Cook und Wellman durchgeführt wurde, ist dieses Resultat von mehreren anderen Wissenschaftlern und Wissenschaftlerinnen bestätigt worden.

Wie verhält es sich nun beim Menschen? Hat Stress auch auf das menschliche Gehirn einen ähnlichen Effekt? Mikroskopische Gehirnuntersuchungen sind noch nicht durchgeführt worden – und beim Menschen auch kaum durchführbar. Doch lässt sich das menschliche Gehirn, inklusive der Dicke der Hirnrinde, durchaus mit Hilfe von Hirnscans untersuchen. Bisher ist erst ein Forschungsteam dieser Frage mit diesen Mitteln nachgegangen – und zwar bei einer Gruppe von Menschen, die eine Situation durchlebt hatten, die sich in wesentlicher Hinsicht nicht stark von derjenigen der Ratten in Cooks und Wellmans Experiment unterscheidet.

Denn auch Menschen können sich langfristig in einer Situation befinden, in der sie – zumindest in übertragenem Sinne – in der Klemme sitzen und die sie gerade deshalb als extrem stressig erleben, weil sie keinen Ausweg sehen. Eine solche Situation erleben zum Beispiel Kinder, die misshandelt werden.

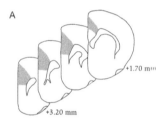

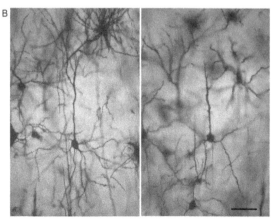

Abbildung 4: Verästelung in der Hirnrinde (A) einer normalen Ratte (B links) und einer gestressten Ratte (B rechts).

Wissenschaftler der Harvard-Universität haben daher herauszufinden versucht, ob das Gehirn von Menschen, die als Kind lange (von einem Elternteil) misshandelt worden sind, Schäden davongetragen hat. Dazu verglichen sie Hirnscans von 23 Erwachsenen, die als Kind körperlich und/oder sexuell misshandelt worden waren, mit Hirnscans von Altersgenossen, die eine normale Kindheit durchlebt hatten.

Große Unterschiede im Gehirn wurden nicht erkannt, außer in einem Bereich: der Rinde des Frontalhirns. Diese Hirnregion stellt das menschliche Äquivalent zu dem Gehirnbereich dar, der bei den gestressten Ratten weniger Verästelungen aufgewiesen hatte, und war bei den Testpersonen, die in ihrer Kindheit misshandelt worden waren, knapp 20 Prozent dünner. Obwohl sich an dieser Studie einiges kritisieren lässt (unter anderem die geringe Anzahl der Versuchspersonen und das erst im Nachhinein erfolgte Feststellen der Misshandlung), geben ihre Ergebnisse doch einen Hinweis darauf, dass auch beim Menschen unabwendbarer, anhaltender Stress zu Schädigungen in der Hirnrinde des Frontallhirns führen kann.

Doch auch weniger extremer Stress bewirkt beim Menschen Veränderungen im Gehirn. Der Stress, den die Wissenschaftler der Rockefeller-Universität untersuchten, ist sogar ziemlich alltäglich: der Stress, der beim Lernen für eine Prüfung entsteht. Da es sich in diesem Fall um Medizinprüfungen an der Cornell-Universität in New York handelte, einer amerikanischen Eliteuniversität, war es für die meisten Studierenden wohl eine ziemlich nervenaufreibende Zeit. Zwanzig von ihnen wurden unmittelbar vor und nach der Phase untersucht, in der sie für das Examen lernten. Zwanzig andere wurde in der prüfungsfreien Zeit als Kontrollgruppe genutzt. In beiden Gruppen wurde der Stress gemessen. Außerdem wurde ihre Hirnfunktion registriert, während sie ziemlich einfache kognitive Aufgaben lösten, die ihrem Gehirn Flexibilität abforderten.

Die Wissenschaftler interessierte vor allem, wie stark die

verschiedenen Hirnregionen miteinander kommunizierten. Um diese Kommunikation zu messen, beurteilten die Forscher – mit einer ziemlich neuen mathematischen Methode – die Konnektivität, das heißt die Verbindungsstruktur des Gehirns bei diesen Testpersonen. Tatsächlich zeigte sich, dass die Kommunikation zwischen dem Frontalhirn und den übrigen Gehirnbereichen bei den gestressten Studenten weniger effektiv war. Diese Desorganisation ihres Gehirns stand wiederum in Relation dazu, wie stark sie den Stress in der Lernphase empfunden hatten. Je gestresster sie sich gefühlt hatten, desto geringer war auch die Konnektivität innerhalb ihres Gehirns.[11]

Kurzum: Ob es sich nun um sehr gravierenden Stress handelte, wie bei einer fortgesetzten Misshandlung in der Kindheit, oder um eher alltäglichen Stress wie bei dem Lernen für eine Prüfung, die Auswirkungen zeigten sich jeweils im Frontalhirn. Diese Hirnregion ist dafür verantwortlich, Alternativen abzuwägen und Beschlüsse zu fassen. Das ist besonders problematisch, weil das Nachdenken über verschiedene Optionen und das Treffen von Entscheidungen für den Umgang mit Stress besonders wichtig ist. Doch zum Glück ist unser Gehirn flexibel. Zumindest, wenn wir jung sind.

DIE REGENERATIONSFÄHIGKEIT DES GEHIRNS

Einen Monat, nachdem sie das Examen abgelegt hatten, wurden die Medizinstudenten aus der zuvor beschriebenen Studie ein drittes Mal getestet. Verständlicherweise war ihr Stressniveau nun, da sie ihr Examen hinter sich hatten, erheblich niedriger, und das sollte nicht ohne Auswirkung auf ihr Gehirn bleiben. Die Konnektivität zwischen den unterschiedlichen Teilen des Gehirns hatte sich auf ein normales Niveau eingependelt. Offensichtlich waren die Stressauswirkungen auf das Frontalhirn nur vorübergehender Natur.

Kann man daher davon ausgehen, dass sich das Gehirn wieder von dem Stresseinfluss erholen kann, sobald dieser sich gelegt hat? Studien bei Tieren legen diese Vermutung nahe. Mit einer wichtigen Einschränkung: Das Regenerationsvermögen des Gehirns, zumindest was Stresseffekte anbetrifft, ist stark altersabhängig.

In einer Studie, die an der Mount Sinai School of Medicine in New York durchgeführt worden ist, unterzog man Ratten unterschiedlichen Alters dem bereits bekannten Stresstest. Die Tiere waren in drei Altersgruppen eingeteilt worden: drei Monate (ein Alter, das der Pubertät beim Menschen entspricht), ein Jahr (ein mittleres Alter) und zwanzig Monate (alt).

Wie erwartet, führte der Stress zu einer Verringerung der Verästelungen in der Hirnrinde des Frontalhirns. Dieser Effekt war bei allen Tieren, von jung bis alt, evident. Als man jedoch das Gehirn von Ratten untersuchte, die sich drei Wochen lang von dem Stress erholen konnten, wurden altersabhängige Effekte im Frontalhirn erkennbar. Bei den jungen Ratten hatten sich die Verästelungen in der Hirnrinde vollkommen regeneriert; die Zahl der Hirnverbindungen war so hoch, als hätte man die Ratten nie einem Stress ausgesetzt.

Der Anblick, den die Gehirne ihrer älteren Artgenossen boten, war dagegen sehr viel weniger aufbauend. Schon bei den Ratten mittleren Alters stieg die Zahl der Verästelungen nicht mehr auf das Niveau, das sie vor der Stresssituation hatten. Mehr als ein spärliches Wachstum kümmerlicher Ästchen war nicht erkennbar. Bei den alten Ratten war die Lage noch trauriger: Es war keinerlei Regeneration zu erkennen, die Kronen der „Bäume" blieben ebenso kärglich wie direkt nach der Stressphase. Ob dieser Mangel an Regenerationsfähigkeit in höherem Alter auch beim Menschen eine Rolle spielt, ist noch nicht erforscht worden. Aber das Ergebnis dieser Studie gibt doch zu denken.

STRESS ALS MOTIVATION

Sich in einer ausweglosen Situation zu befinden, ist zwar äußerst belastend, aber es ist nicht die einzige mögliche Art, Stress zu erfahren. Stress auf der sozialen Ebene ist für das System ebenso schädlich: zum Beispiel der Stress, in der Beziehung zu einem Artgenossen unterlegen zu sein. Dabei geht es nicht so sehr um Ausweglosigkeit – obwohl auch das eine Rolle spielt –, sondern um die Erfahrung einer Niederlage, um den Stress, der mit dem Verlieren einhergeht. Die Effekte dieser Art von Stress können lange Zeit im Gehirn nachwirken, auch dann noch, wenn der Stress schon längst verflogen ist.

Studien, die diese Stressphänomene erforschen, sind daher folgendermaßen aufgebaut: In einem Käfig befindet sich eine Ratte oder eine Maus. Sie lebt dort einige Zeit, bis sie anfängt, diesen Raum als ihr eigenes Territorium zu betrachten. Das Experiment beginnt mit dem Einbringen einer zweiten Ratte oder Maus (die „Eindringling" genannt wird) in den Käfig, in der sich ursprünglich nur ein Bewohner befand. Der Bewohner ist davon nicht begeistert und greift den Eindringling schon nach kürzester Zeit an. Um schon im Vorfeld das Los der beiden Tiere zu besiegeln, wählt man als Bewohner des Käfigs ein aggressives, dominantes und angriffslustiges Tier, das mit allen Wassern gewaschen ist. Als Eindringling hingegen ein wesentlich kleineres Exemplar. Da sich unter diesen Tieren selten ein David findet, ist der Kampf schnell zugunsten des käfigbewohnenden Goliaths entschieden. Ja, den Eindringling kostete es sogar das Leben, wenn man ihn nicht innerhalb weniger Minuten aus seiner bedrängten Situation befreite. Ersteres ist allerdings nicht Sinn der Sache, denn der Zweck dieses Experiments besteht darin, die Veränderungen im Gehirn und Verhalten des Tieres zu messen.

Sie werden nachvollziehen können, dass die unterlegene Maus bzw. Ratte diese Erfahrung als sehr stressig empfindet, was sich an den Schreien, die das Tier ausstößt, und an seiner gesteigerten Stresshormonproduktion erkennen lässt. Bemerkenswert ist allerdings, dass eine solch einmalige Konfrontation, wie (lebens)bedrohlich sie auch gewesen sein mag, keine nachweisbaren Veränderungen im Gehirn des Eindringlings hinterlässt. Kurzzeitiger Stress, selbst wenn er so existenzieller Natur wie in diesem Fall ist, schädigt das Gehirn also nicht.

Wenn dieser Stress jedoch andauert, sieht die Sache ganz anders aus. Dieses Phänomen lässt sich erforschen, indem man dasselbe Tier Tag für Tag in den Käfig zu dem ihm inzwischen bekannten kraftstrotzenden Bewohner setzt. Diese Behandlung bleibt nicht folgenlos. Die Maus bzw. Ratte, die immer wieder den Kürzeren zieht, gibt sich schließlich geschlagen und verhält sich unterwürfig. Wenn sie später in eine Situation gebracht wird, in der sie einen anderen, durchaus freundlichen Artgenossen trifft, wird sie den Kontakt zu ihm vermeiden. Die Stärke dieser Vermeidungsreaktion ermöglicht es den Wissenschaftlern, den Stresseffekt genau zu bestimmen.

Neben dem Einfluss auf das Verhalten des Tieres zeitigt eine solche anhaltende Stresssituation offensichtlich auch Auswirkungen auf sein Gehirn. Aufgrund der langfristig starken Ausschüttung des Stresshormons wird in erster Linie der Hippocampus geschädigt. Dieser unspezifische Effekt von Stress ergibt sich bei jeder Form von Stress (beim Fixieren der Tiere, bei sozialem Stress und einigen anderen hier nicht genannten Formen). Der soziale Stress, das mehrfach wiederholte Erleiden von Niederlagen, Verlusten und Zurückweisungen hat auf das Gehirn noch eine zusätzliche spezifische Auswirkung: Es schädigt das Belohnungssystem, den sogenannten Nucleus accumbens, einen tief im Inneren des Gehirns liegenden Kern, der für das Registrieren potenzieller Belohnungen verantwortlich ist. Er ist der Teil des Gehirns, der aktiv wird, wenn wir etwas erreichen, bekommen oder verdienen wollen.

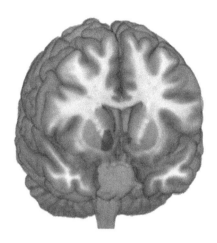

Abbildung 5:
Aktivierung des rechten
Nucleus accumbens.

Anders ausgedrückt, dieser Hirnkern liegt einem Großteil unseres Tun und Lassen zugrunde. In ihm sitzen die Motivation, das Durchhaltevermögen und vielleicht auch der Ehrgeiz.

Obwohl sich nur schwer ein genauer Vergleich zu diesen Tierexperimenten ziehen lässt, sind doch leicht Situationen vorstellbar, in denen Menschen immer wieder unterliegen, ohnmächtig einem kraftstrotzenden, (verbal) aggressiven und dominanten Menschen ausgesetzt sind oder in der sie ständig Ablehnung erfahren. Emotionaler und sexueller Missbrauch in der Kindheit könnte womöglich auch hier als ein menschliches Äquivalent für diesen Test angesehen werden, einem Test, in dem die Nagetiere immer wieder starkem sozialem Stress ausgesetzt sind.

Die Auswirkungen von Stress auf unser Belohnungssystem sind noch nicht eingehend erforscht. Aber erste Studien in diese Richtung lassen vermuten, dass die Stresseffekte auf das Gehirn sich bei Mensch und Tier nicht wesentlich unterscheiden. In einer relativ kleinen, wiederum von Psychologen aus Harvard durchgeführten Studie wurde die Reaktion des Gehirns auf das Registrieren einer Belohnung gemessen. Gewöhnlich wird bei einer angebotenen Belohnung der bereits erwähnte Nucleus accumbens aktiv, der Hirnkern, der für unsere Motivation und Antizipation, dem Streben nach einer Belohnung verantwortlich ist. Die Aktivität dieses Kerns lässt sich gut in Experimenten messen, in denen Testpersonen dafür belohnt werden, eine Figur schnell und richtig zu erkennen. Die Wissenschaftler aus Harvard verglichen die Hirntätigkeit während des Lösens einer Belohnungsaufgabe bei 13 Erwachsenen, die in ihrer Jugend missbraucht worden waren, mit derjenigen von 31 Kontrollpersonen ohne eine traumatische Vergangenheit.

Bei der Kontrollgruppe steigerte sich die Aktivität des Nucleus accumbens tatsächlich, wenn eine (potenzielle) Belohnung in Aussicht gestellt wurde; bei den traumatisierten Testpersonen war das kaum der Fall. Der ständige soziale Stress, dem sie in ihrer Kindheit ausgesetzt waren, hatte in diesem Teil des Gehirns, der für das Registrieren von Belohnungen zuständig ist und uns zum Handeln motiviert, zu einem dauerhaften Funktionsverlust geführt. Genau dasselbe System hatte auch bei den Tieren, die lange unter einem dominanten übermächtigen Artgenossen gelitten hatten, versagt.

ZUM ABSCHLUSS

Chronischer, unausweichlicher Stress bewirkt Veränderungen im Gehirn. Diese treten vor allem in der Hirnregion auf, die wir brauchen, um uns aus einer solchen stressigen Situation zu befreien. Denn gerade diese ist an der Abwägung von Alternativen und dem Treffen von Entscheidungen beteiligt. Es handelt sich dabei um die Hirnrinde des Frontalhirns, in der sich infolge von Stress die Anzahl der Nervenverbindungen verringert. Das führt zu einer schlechten Kommunikation zwischen den einzelnen Bereichen des Gehirns, die an unseren Entscheidungen beteiligt sind.

Die zweite Hirnregion, die von chronischem Stress und dabei vor allem von sozialem Stress geschädigt wird, liegt tiefer im Inneren des Gehirns und spielt beim Antizipieren von Belohnungen eine Schlüsselrolle. Dieses Belohnungssystem wird durch andauernden Stress teilweise lahmgelegt und bremst dadurch unsere Motivation, aktiv zu werden – was auch wiederum die Chance, einen Ausweg aus einer stressigen Situation zu finden, verringert.

Die Regenerationsfähigkeit des Gehirns ist prinzipiell beträchtlich, und meistens gelingt es dem Gehirn auch, nach einer Stressphase in den ursprünglichen Zustand zurückzukehren. Doch dieses Anpassungsvermögen wird von mindestens zwei Faktoren begrenzt: dem Lebensalter und der Stärke der Stresserfahrung. Das Gehirn älterer Tiere ist wesentlich weniger flexibel als das ihrer jüngeren Artgenossen und erholt sich daher auch schlechter. Außerdem hinterlässt extremer Stress auch in jüngeren Jahren bleibende Spuren im Belohnungssystem des Gehirns. Daher ist es besser, chronischen Stress zu vermeiden. Ehe man sichs versieht, bleibt man darin gefangen, weil es an Konnektivität innerhalb des Gehirns fehlt oder man nicht mehr die Motivation aufbringen kann, sich aus dieser Situation zu befreien.

Stress gehört, wie gesagt, zum Leben. Er ist auch nicht immer schädlich. Wenn die Belastung allerdings lange Zeit bestehen bleibt, treibt sie uns buchstäblich oder sinnbildlich in die Enge. Dem ist unser Gehirn nicht gewachsen. Sorgen Sie daher dafür, weder selbst in die Klemme zu geraten noch andere in die Enge zu treiben. Oder anders formuliert: Wahren Sie Ihre Freiheit und gestehen Sie diese auch anderen zu. Der moralische Aspekt dieser Aufforderung ist evident. Doch nun kennen Sie auch den biologischen Imperativ, der dahintersteht.

5. Schließe Freundschaften!

FREUNDSCHAFTEN SIND LEBENSWICHTIG

Freunde zu haben ist gesund. Das gilt nicht nur für unser geistiges Wohlbefinden, Freunde sind ebenso wichtig für unsere physische Gesundheit und sogar für unser ultimatives Ende: den Zeitpunkt unseres Sterbens. Menschen mit weitverzweigten sozialen Netzwerken haben eine 50 Prozent höhere Chance, länger zu leben, als Menschen mit einem begrenzten Freundeskreis.

Ein aktueller Überblicksartikel, der die Ergebnisse von 150 Studien zusammenfasst, an denen insgesamt 300 000 Menschen beteiligt waren, unterstreicht die lebenswichtige Bedeutung von Freundschaften mehr als deutlich. Je verzweigter das soziale Netzwerk und je stärker die Unterstützung ist, die man von seinem Umfeld erfährt, desto geringer ist die Gefahr, frühzeitig zu sterben. Umgekehrt belegt eine dieser Studien, dass die Gefahr, relativ jung zu sterben, bei Menschen mit einem bescheidenen sozialen Netzwerk sogar um ein Dreifaches höher ist. Diese Relation zwischen dem Freundeskreis und der Lebenserwartung bestand offenbar unabhängig von Geschlecht, Alter und Gesundheitszustand der Befragten zur Zeit der Studie. Selbst die Todesursache spielte keine Rolle; Freunde verringern sowohl die Gefahr, an Herz-Kreislauf-Erkrankungen als auch an Krebs oder sogar durch einen Unfall zu sterben.

Kurzum: Wenn wir viele Freunde haben, kann der Sensenmann seine Hände länger in den Schoß legen. Das ist ein weltweites Phänomen – auch wenn die meisten Studien sich auf die Industrieländer beschränken. Um den Einfluss von Freunden und Freundinnen auf die Lebensdauer nur einmal in Relation zu anderen Effekten zu setzen: Die Auswirkung von Freundschaften auf die Lebensdauer ist ebenso groß wie der Verzicht auf exzessiven Alkoholkonsum und doppelt so groß wie bei einem starken Gewichtsverlust.

Wie ist das möglich? Warum ist ein soziales Netzwerk für unsere Gesundheit so wichtig?

DAS SOZIALE, ABER MONOGAME LEBEN DER WÜHLMAUS

Wir Menschen sind soziale Tiere. Gleichzeitig, und das ist ziemlich ungewöhnlich im Tierreich, sind wir auch monogam – zumindest gilt Monogamie in den meisten Kulturen als verbindliche Norm. Es gibt nur wenige Tierarten, die ein ausgedehntes soziales Netzwerk haben und sich zugleich für einen einzigen festen Partner entscheiden, mit dem sie dann auch noch exklusiv Geschlechtsverkehr haben (ich spreche hier natürlich vom Durchschnitt). Die meisten Tiere suchen sich einen Partner, kopulieren mit ihm, gehen dann wieder zur Tagesordnung über und wählen das nächste Mal ein anderes Tier für den Geschlechtsakt. Auch wenn sie manchmal wählerisch sind, treu sind sie nicht.

Es gibt jedoch Ausnahmen, wenn auch sehr selten. Zum Beispiel eine Maus, die nicht größer als eine menschliche Faust ist und deren Ohren so auffallend klein sind, dass sie der Gattung ihren Namen gegeben haben: *Microtus*. Es gibt wohl sechzig Arten dieser Gattung, aber nur eine konnte das besondere Interesse der Wissenschaftler wecken, die *Microtus ochrogaster*, die Präriewühlmaus, die in der amerikanischen Steppe, der Prärie, beheimatet ist.

Diese kleine Maus ist so speziell, weil sie eines der wenigen Tiere ist, die nicht nur sozial, sondern auch monogam leben. Und wie! Nach ihrem ersten Geschlechtsverkehr bleiben Männchen und Weibchen zusammen. Ein Leben lang. Selbst nach dem Tod bleiben sie sich treu; „sich wiederzuverheiraten", ist für diese Wühlmäuse keine Option. Und denken Sie nicht, dass alle Mäuse so sind. Im Gegenteil, diese Präriewühlmaus ist die einzige ihrer Gattung. Die Feldmaus und die Kleinohren, die sich in den Nadelwäldern, Bergen und Wiesen tummeln, sind ebenso promisk wie die meisten anderen Säugetiere. Woran könnte man die Biologie der Freundschaft und Treue also besser studieren als an der Präriewühlmaus? Was auch an der umfangreichen wissenschaftlichen Literatur über das Liebesleben dieser Tiere deutlich wird.

Dass Forscher und Forscherinnen die Präriewühlmaus als Versuchstier für Studien zu den biologischen Grundlagen der Freundschaft, Treue und Bindung nutzen würden, lag nicht auf der Hand. Denn schließlich handelt es sich um ein unauffälliges Tier, das evolutionär Millionen von Jahren vom Menschen entfernt ist. Wie so oft in der Wissenschaft begann auch hier alles mit einer Zufallsbeobachtung einiger aufmerksamer Forscher.

Um Wildtiere zu untersuchen, müssen Biologen und Biologinnen sie oft erst einmal fangen. Und manchmal erwischen sie dabei Tiere, die sie überhaupt nicht interessieren; das heißt, ihnen gehen die falschen Tiere in die Falle. Durch einen solchen Zufall wurden Biologen auch auf das ungewöhnliche Liebesleben der Präriewühlmaus aufmerksam. Denn ihnen fiel auf, dass diese Mäuse ihnen nur selten einzeln in die Falle gingen, sie fingen fast immer zwei, und nicht nur das: Diese Paare bestanden immer aus einem Männchen und einem Weibchen. Nun brauchten sie nicht viel Fantasie, um zu vermuten, dass diese Tiere ihnen nicht nur als Paar in die Fallen gingen, sondern auch andere Aspekte des Lebens miteinander teilten.

Die Biologen entschieden sich, diese Hypothese genauer untersuchen. Indem sie die eingefangenen Mäuse mit radiographischen Markierungen versahen und sie dann wieder freiließen, konnten sie den Tieren in freier Wildbahn genau folgen.

Sie erkannten, dass die markierten Paare tatsächlich dauerhaft zusammenblieben. Ja, sie teilten sogar Freud und Leid, gute und schlechte Tage miteinander; sie bauten zusammen Nester, bewohnten sie gemeinsam und gingen zusammen auf Futtersuche. Eine derart enge Partnerschaft ist in der Tierwelt sehr selten.

Das soziale Leben der Präriewühlmaus zog die Wissenschaftler immer mehr in den Bann: Blieben diese Partner sich auch treu, war ihre Beziehung wirklich exklusiv? Weitere Untersuchungen ergaben, dass Männchen und Weibchen sich tatsächlich von der ersten Kopulation an bis zum Tod treu blieben. Andere Tiere wurden auf Distanz gehalten und dreiste Annäherungsversuche resolut zurückgewiesen. Und, damit Sie mich nicht falsch verstehen, das läuft anders als bei uns Menschen: Die Aggression richtet sich hier gegen die andersgeschlechtlichen Tiere. Die Männchen machen den allzu herausfordernden Weibchen unmissverständlich klar, dass sie kein Interesse haben, und umgekehrt. Selbst nach dem Tod ihrer besseren Hälfte weist die überlebende Präriewühlmaus alle Avancen des anderen Geschlechts zurück und trägt ihr Los in einsamer Ergebenheit.

DIE BIOLOGIE DER TREUE

So weit zum Leben der Präriewühlmaus in der freien Wildbahn. Um die biologische Grundlage dieses ungewöhnlichen tierischen Verhaltens zu erforschen, sind allerdings Laborexperimente erforderlich.

Meistens besteht die Versuchsanordnung aus drei großen Plexiglasbehältern, die jeweils durch eine Röhre miteinander verbunden sind. In jedem der beiden äußeren Behälter befindet sich eine männliche Wühlmaus. Sie ist an einer langen Schnur festgebunden, die es ihr ermöglicht, sich frei zu bewegen; die

Schnur ist jedoch nicht lang genug, dass die Maus durch die Röhre in einen der anderen Behälter schlüpfen könnte. Das mittlere Gefäß ist zunächst leer. Im Experiment wird dann ein Weibchen in den mittleren Behälter hineingesetzt. Schon bald fängt es an, beide Männchen zu beschnüffeln. Eines der beiden männlichen Tiere ist für das Weibchen ein alter Bekannter: ihr Partner. Wie zu erwarten, wendet sich das Weibchen gleich seinem Partner zu und bleibt bei ihm.

Doch dieses monogame Verhalten kann sich auch in sein Gegenteil verkehren, wenn man experimentell die Aktivität eines bestimmten Moleküls im Gehirn verändert: die des Botenstoffs Dopamin. Dieser hat die Aufgabe, im Gehirn Signale von einem Nerv zum nächsten weiterzuleiten, und ist an verschiedenen Hirnfunktionen beteiligt. Er kommt ins Spiel, wenn es um Motivation, Motorik und Macht geht – oder um Treue.

Aus unzähligen Studien wissen wir, dass Dopamin bei der partnerschaftlichen Treue der Präriewühlmäuse eine wesentliche Rolle spielt. Wenn man einem Präriewühlmausweibchen eine Substanz verabreicht, die die Aktivität von Dopamin im Gehirn blockiert, wird aus der monogamen Ehefrau eine promiske Freibeuterin. In dem oben beschriebenen Experiment wird sie dann ein völlig anderes Verhalten an den Tag legen. Sie beschnüffelt wie bisher zunächst das eine und dann das andere Männchen, doch statt sich für seinen Partner zu entscheiden, teilt das Weibchen nun – im übertragenen Sinn – das Bett mit beiden. Die frühere Treue, die vor der Dopaminblockade in seinem Gehirn noch so evident war, ist wie durch Zauberhand verschwunden.

Diese Wirkung des Dopamins ist speziell an eine exakt begrenzte Hirnregion gebunden: an den Teil des Gehirns, der Belohnungen registriert, den zuvor bereits erwähnten Nucleus accumbens. Wenn die dopaminblockierende Substanz mittels einer speziellen Technik in diesen Teil des Gehirns injiziert wird, verflüchtigt sich die Vorliebe des Präriewühlmausweibchens für seinen Partner; eine Dopaminblockade in anderen Hirnregionen wirkt sich darauf nicht aus. Das Gegenteil funktioniert ebenfalls: Wenn man dem Weibchen eine Substanz in den Nucleus accumbens injiziert, die die Aktivität des Dopamins verstärkt, ist sie von ihrem Partner gewissermaßen nicht mehr zu trennen. Treue lässt sich bei der weiblichen Präriewühlmaus also auf ein einziges Molekül zurückzuführen. Und bei den Männchen? Was glauben Sie? Da ist es natürlich auch nicht anders.

Der Aufbau des Experiments mit männlichen Wühlmäusen ist spiegelbildlich zum Experiment mit ihren weiblichen Artgenossen. Auch hier gibt es drei Unterteilungen, doch dieses Mal sind in den beiden äußeren Behältern Weibchen festgemacht und das Männchen kann sich frei bewegen. Auch in diesem Experiment hatte sich das Männchen schon zuvor für eines der zwei Weibchen entschieden. Wenn es dann in das mittlere Gefäß hineingesetzt wird, bewegt es sich normalerweise direkt auf seine Partnerin zu, um sich zu paaren. Dem anderen Weibchen schenkt es kaum Aufmerksamkeit. Aber auch bei den Männchen lässt sich dieses Verhalten mit Hilfe derselben Substanz, die schon bei den weiblichen Artgenossen zur Promiskuität geführt hat, im Handumdrehen ändern. Eine Dopaminblockade im Nucleus accumbens führt auch bei dem Männchen zu Untreue. Fazit: Eheliche Treue sitzt zwischen den Ohren, mögen diese auch noch so klein sein.[12]

Treue ist nicht nur an die vorhandene Menge eines einzigen Moleküls im Gehirn gekoppelt, treu zu sein wirkt sich auch seinerseits auf das Gehirn aus. Wenn man die Rezeptoren für Dopamin im Gehirn männlicher Wühlmäuse, die eine feste Beziehung unterhalten, mit denen ihrer Artgenossen vergleicht, die noch „Junggesellen" sind, zeigen sich deutliche Unterschiede. Das „verheiratete" Präriewühlmausmännchen verfügt über viel mehr Dopaminrezeptoren im Nucleus accumbens als das „ledige" Männchen. Sollte das tatsächlich mit der ehelichen Treue, die diese Tiere an den Tag legen, zusammenhängen? In der Tat ist die Zahl der Dopaminrezeptoren im Nucleus accumbens bei der Wiesenwühlmaus *(Microtus pennsylvanicus)*, die zwar mit der Präriewühlmaus verwandt ist, jedoch keine hohe Ehemoral kennt, um einiges geringer. Kurzum: Dopamin bestimmt nicht nur, ob man treu ist oder nicht, umgekehrt verändert das Führen einer stabilen, treuen Beziehung auch das Dopaminsystem im Gehirn.

Ist das einer der Gründe dafür, dass eine stabile Beziehung gut für uns ist und wir mit ihr länger (und vielleicht auch glücklicher) leben? Eine Folge der Veränderungen im Dopaminsystem ist tatsächlich nachweislich gesund: Mäuse mit einem festen Partner verfallen nicht so leicht der Sucht nach Substanzen wie Amphetamin. Der Grund dafür liegt wohl darin, dass partnerschaftliche Treue ebenso wie Amphetamin die Dopaminaktivität im Nucleus accumbens erhöht. Mit anderen Worten: Eine (glückliche) Beziehung macht Drogen überflüssig.[13]

TREUE, STRESS UND DAS GEHIRN

Doch es gibt noch einen wichtigeren Grund, warum wir mit Freunden – und einem Partner bzw. einer Partnerin – länger leben als ohne: Ihre Anwesenheit wirkt sich auf die Stressbelastbarkeit unseres Gehirns aus. In Studien der Universität von Los Angeles (UCLA) aus dem Jahr 2007 wurde der Zusammenhang zwischen der Existenz eines großen, unterstützenden Freundeskreises und der Gehirnreaktion auf Stress erforscht. Und zwar nicht die Reaktion auf irgendeinen Stress, sondern auf den Stress infolge sozialer Ausgrenzung. Dieselbe Forschergruppe hatte einige Jahre zuvor nachgewiesen, dass das Gefühl der Ausgrenzung im Gehirn denselben Effekt hat wie körperlicher Schmerz.

Der von ihnen entwickelte Test sieht folgendermaßen aus: Die Versuchsperson liegt in einem Scanner und kann über eine komplizierte Apparatur gleichzeitig ein Computerspiel spielen. Sie spielt mit zwei anderen Personen ein Ballspiel, dessen Sinn einfach darin besteht, sich den Ball zuzuwerfen. Das Spiel besteht aus zwei Teilen; in der ersten Hälfte des Spiels wirft einer der beiden Spieler der Testperson regelmäßig den Ball zu. In der zweiten Hälfte nicht mehr; dann spielen sich die beiden anderen den Ball gegenseitig zu und ignorieren die Testperson. Diese findet das überhaupt nicht nett. Denn die Personen, die zunächst so freundlich mit ihr gespielt haben, ihre vermeintlichen Freunde, schließen sie nun aus. Dass die beiden Ballspieler keine realen Menschen, sondern Computeralgorithmen sind, wird der Testperson nicht verraten. Es zeigt sich, dass die Erfahrung der Ausgrenzung die Insula reizt, eine Hirnregion, die auch aktiv wird, wenn man körperlichen Schmerz erfährt. Soziale Ausgrenzung verursacht also echten Schmerz.

Um nun zu untersuchen, ob ein Netzwerk von Freunden und Freundinnen den Schmerz der sozialen Ausgrenzung abmildern kann, erfassten die Forscher der UCLA genau das soziale Leben von 125 Testpersonen, die allesamt an der UCLA studierten oder arbeiteten. Dazu trugen die Teilnehmer an der Studie ein elektronisches Notizbuch mit sich, das in unregelmäßigen Abständen (allerdings nicht nachts) ein Signal sendete. Bei Signaleingang sollten die Testpersonen dann notieren, ob sie gerade sozial interagierten, und wenn ja, ob sie diese Interaktion als angenehm oder unangenehm empfanden.

Nachdem sie das Notizbuch zehn Tage lang geführt hatten, spielten sie das beschriebene Ballspiel, während ihre Gehirnaktivität im Scanner gemessen wurde. Dabei wurde deutlich, dass das Gefühl der Ausgrenzung zur Aktivierung der Insula führte, also des Gehirnkerns, der Schmerz registriert. Doch war die Aktivität dieser Region nicht bei allen Testpersonen gleich stark. Sie steigerte sich besonders bei den Versuchspersonen, die zuvor erklärt hatten, nur ein bescheidenes soziales Netzwerk zu haben und wenig soziale Unterstützung zu erhalten. Treue Freunde zu haben, verringert also den Schmerz, den Ausgrenzung verursacht. Und woran liegt das? Wahrscheinlich daran, dass in der Insula reichlich Dopamin vorhanden ist. Das gleiche Dopamin, das sich schon bei den Präriewühlmäusen für die Aufrechterhaltung der wichtigsten Freundschaft im Leben als wesentlich erwiesen hat: die zu ihrem Partner.

ZUM ABSCHLUSS

Freundschaft, Treue und Unterstützung werden von Systemen im Gehirn reguliert, die mit Dopamin zu tun haben. Diese Substanz, die die Empfänglichkeit für Belohnungen steuert, ist offensichtlich ebenso bedeutsam für das Sozialverhalten. Die meisten Fakten dazu sind bisher in Studien zu einer einzigen Tierart gesammelt worden, in Studien zur Präriewühlmaus. Daher ist es noch nicht gesichert, ob Unterschiede in der Dopaminproduktion auch im menschlichen Gehirn tatsächlich erklären können, warum wir viele oder wenige Freunde haben, treu oder untreu sind, allein oder zusammenbleiben. Dass ein soziales Netzwerk, oder zumindest eine feste Partnerschaft, unser Gehirn verändert, ist allerdings wahrscheinlich. Und davon profitieren wir im Laufe unseres – hoffentlich langen – Lebens.

6. Genieße Ansehen!

ANSEHEN UND LEBENSDAUER

Wenn Freundschaften sich schon positiv auf die Dauer unseres Lebens auswirken, so sind Ansehen, sozialer Status, Ruhm und Macht dafür noch wichtiger. Und nicht nur für uns selbst, sondern auch für unsere Kinder. Jede Gesellschaft kennt eine soziale Hierarchie, ob uns das nun gefällt oder nicht. In manchen Ländern ist sie stärker ausgeprägt als in anderen, aber vorhanden ist sie überall. Und in jeder Gesellschaft leben die Menschen im oberen Bereich dieser Sozialpyramide länger, besser und angenehmer als die Masse an der Basis. Dennoch ist der Einfluss von sozialem Status und Ansehen auf das Gehirn – und umgekehrt – bisher kaum erforscht worden. Aber auch was wir gegenwärtig darüber wissen, macht deutlich, dass unser Status und unser Gehirn in enger Verbindung miteinander stehen.

Gesellschaftlicher Status wird ziemlich unterschiedlich definiert. Doch die meisten Wissenschaftler und Wissenschaftlerinnen sind sich darin einig, dass der Begriff ökonomischen Wohlstand, Bildungsniveau und Beruf einschließt. Auch unsere Lebensdauer ist, wie bereits erwähnt, an den sozialen Status gekoppelt. Je höher wir auf der sozialen Leiter steigen, desto länger leben wir.

Schon 1994 erschien eine Publikation, die eine solche Relation anhand der zusammenfassenden Sichtung zahlloser Studien belegte: Das Sterberisiko ist für Menschen mit dem höchsten sozialen Status im Vergleich zu der Gruppe am unteren Ende der Statuspyramide – natürlich alterskorrigiert – nur halb so hoch. Und dieser Effekt ist durchaus nicht auf die ärmeren Länder der Welt begrenzt.

Ein außergewöhnlich überzeugendes Beispiel stammt aus dem Großbritannien der 70er-Jahre des vergangenen Jahrhunderts. Dort hatte man über einen Zeitraum von zehn Jahren mehr als 17000 britische Beamte erfasst. Es ist nicht schwer, innerhalb einer solchen genau definierten Beamtenhierarchie den sozialen Status jedes Einzelnen festzustellen. Das taten die Wissenschaftler daher auch. Anschließend setzten sie die jeweilige Statusposition ins Verhältnis zum Sterberisiko. Alterskorrigiert erwies sich das Sterberisiko für die oberste Schicht der Beamten als nur halb so hoch wie für die Beamten am unteren Ende der Fahnenstange. Und das, obwohl sie alle über ein sicheres Einkommen verfügten, eine anständige Stelle und vielleicht auch – zumindest damals noch – einiges an Ansehen und Respekt genossen.

Obwohl es theoretisch möglich ist, dass die längere Lebensdauer nicht mit dem eigentlichen sozialen Status, sondern mit anderen damit verknüpften Faktoren wie Intelligenz, Körpergröße und medizinischer Versorgung zusammenhängt, können nach den Berechnungen diese Aspekte allein die Auswirkungen des Status auf die Lebensdauer nicht befriedigend erklären. Mit anderen Worten: Der Effekt des Ansehens auf die Lebensdauer lässt sich nicht bloß auf ein höheres Vermögen oder günstigere Lebensumstände zurückführen.

Abgesehen von dem Effekt, den sozialer Status auf unsere Lebensdauer hat, zeigen sich gravierende – und evidente – Konsequenzen für die in den jeweiligen sozialen Klassen aufwachsenden Kinder. Je niedriger die gesellschaftliche Position der Eltern, desto schwächer sind Sprachverständnis, Kurzzeitgedächtnis und andere kognitive Fähigkeiten der Kinder. Und auch hier ist die Relation eindeutig: Je höher der soziale Status, desto besser die Hirnleistung der Kinder.

Die Erklärung dafür liegt auf der Hand: Ein höherer Status ermöglicht eine bessere Ausbildung, eine stärkere kognitive Stimulation, womöglich eine gesündere Ernährung und ein geringeres Maß an Stress – Faktoren, die allesamt für die Entwicklung des kindlichen Gehirns von Bedeutung sind.

Eine aktuelle amerikanische Studie belegt, dass der Hippocampus – der Gehirnbereich, der für die Aufnahme neuer Informationen verantwortlich ist – von Kindern aus einer niedrigeren sozialen Schicht kleiner war als der von Kindern, die in Familien des oberen Teils der sozialen Pyramide aufgewachsen waren.

Gerade der Hippocampus ist ja besonders empfindlich gegenüber Stressbelastungen. Ist der Hippocampus dieser Kinder nun kleiner, weil sie in einer niedrigeren sozialen Schicht aufgewachsen sind, die ihnen weniger Entwicklungsmöglichkeiten bot? Oder hatte der Hippocampus weniger Wachstumsmöglichkeiten, weil der Stress in ihrem Leben am unteren Ende der sozialen Statuspyramide höher war? Diese Frage können wir noch nicht beantworten, aber dass sich das gesellschaftliche Prestige auf das Gehirn auswirkt – und umgekehrt – ist unübersehbar. Und dabei spielen vielleicht noch nicht einmal so sehr die objektiven Tatsachen eine Rolle, sondern eher die eigene subjektive Einschätzung, ob man Ansehen genießt oder nicht.

ANSEHEN UND DAS GEHIRN

In einer Studie, die am Fachbereich Psychiatrie und Psychologie der Universität Pittsburgh in Zusammenarbeit mit anderen Universitäten durchgeführt wurde, sind 100 Menschen (davon 56 Frauen) aus dem Umkreis der Stadt Pittsburgh untersucht worden. Sie wurden gebeten, auf Zeichnungen, die Leitern zeigten, anzugeben, auf welcher Sprosse sie sich sahen. Die unterschiedlichen Leitern standen jeweils für einen anderen Aspekt ihres sozialen Status wie Einkommen, Ausbildung und das (mutmaßliche) Prestige ihres Berufsstandes.

Danach wurde bei allen Testpersonen ein Hirnscan durchgeführt. Dieser belegte, dass die Position, auf der sie sich auf der sozialen Leiter wähnten, in direkter Korrelation zur Größe einer bestimmten Hirnregion stand. Je niedriger die Testpersonen sich auf der Leiter des gesellschaftlichen Ansehens eingeordnet hatten, desto kleiner war der Teil des Gehirns, der mentale und physische Reaktionen auf Stress und die emotionale Anpassung an das Umfeld steuert: der vordere cinguläre Kortex. Und diese Korrelation ließ sich keinesfalls allgemeinen Gefühlen der Unzufriedenheit, der Angst oder Depression zuschreiben; er ging ganz auf das Konto des gesellschaftlichen Ansehens, das die Testpersonen sich selbst zugeordnet hatten.

Dieser Zusammenhang war zudem nicht auf die Testpersonen selbst beschränkt. Auch das Gehirn ihrer Kinder litt unter dem (vermeintlich) fehlenden Ansehen oder profitierte von dem (mutmaßlich) bestehenden Ansehen der Eltern.

Die Forscher aus Pittsburgh entschieden sich, die zuvor beschriebene Leiter auch den Studierenden ihrer Universität vorzulegen. Diese wurden nun jedoch nicht gebeten, Angaben zu der Einschätzung ihres eigenen Ansehens zu machen, sie sollten vielmehr zum gesellschaftlichen Status ihrer Eltern Auskunft geben. Auch bei den 33 Studenten, die die Leitern entsprechend markiert hatten, wurde anschließend ein Hirnscan durchgeführt.

Die Forscher gingen davon aus, dass ein geringeres gesellschaftliches Prestige der Eltern bei ihren Kindern Stress verursachen kann. Daher waren sie besonders an der Funktion des Stresssystems im Gehirn interessiert. Diese Reaktion des Gehirns lässt sich mit Hilfe eines Tests messen, in dem den Probanden menschliche Gesichter mit einem unterschiedlichen mimischen Ausdruck – wütend, neutral oder überrascht – gezeigt werden. Normalerweise wird die Amygdala, der Gehirnkern, der Gefahr registriert, aktiv, wenn die Testperson im Scanner einen wütenden Gesichtsausdruck sieht. Denn wütende Menschen stellen eine potenzielle Gefahr dar.

*Abbildung 6:
Amygdala
("Mandelkern")
auf beiden Seiten
des Gehirns
(Seitenansicht).*

So war es auch hier: Im Gegensatz zum Anblick einer neutralen oder überraschten Mimik erhöhte der Blick auf wütende Gesichter die Aktivität der Amygdala bei den Betreffenden. Doch der Grad der Aktivität wich bei den Testpersonen voneinander ab: Am heftigsten reagierte die Amygdala der Studierenden, die ihren Eltern einen niedrigen sozialen Status bescheinigt hatten. Oder anders formuliert: Das Gefahrenwarnsystem im Gehirn ist bei Kindern, deren Eltern – zumindest nach Einschätzung dieser Kinder – einen niedrigeren Sozialstatus haben, hypersensibel und hyperaktiv.

DAS STATUSSENSIBLE GEHIRN

Wie eine Forschungsgruppe des National Institute of Mental Health (NIMH) aus Bethesda in den USA unter der Leitung von Andreas Meyer-Lindenberg unlängst nachwies, ist unser Gehirn tatsächlich sehr sensibel in Bezug auf den sozialen Status.

Um dies zu erforschen, hatten die Wissenschaftler ein geniales Experiment erdacht. Den Probanden wurde aufgetragen, ein einfaches Reaktionsspiel zu spielen: Sie sahen einen blauen Kreis auf dem Bildschirm. Wenn dieser grün wurde, sollten sie möglichst schnell auf einen Knopf drücken. Jedes Mal, wenn sie schnell genug reagierten, wurden sie mit einem Dollar belohnt. Ergänzend wurde ihnen mitgeteilt, dass sie das Spiel gleichzeitig mit anderen spielen würden, die sie jedoch nicht sehen konnten, weil diese irgendwo anders vor dem Computer säßen. Ziel sei es jedoch nicht, besser als die anderen zu sein; der unterschiedliche Punktestand der Spielenden würde weder verglichen noch besonders belohnt.

Vor dem Spiel wurden die Testpersonen einzeln trainiert, wobei ihnen gesagt wurde, einige hätten besser, andere schlechter abgeschnitten als sie selbst. Die beste Gruppe wurde als die „Drei-Sterne-Spieler" bezeichnet, die weniger geschickten als die „Ein-Stern-Spieler". Den Testpersonen selbst wurde jeweils einzeln mitgeteilt, sie gehörten zu der „Zwei-Sterne-Kategorie". Mit anderen Worten, unter den Spielenden wurde eine Hierarchie eingeführt, in der die Testpersonen sich in der Mitte befanden. Die sogenannten Drei-Sterne- und Ein-Stern-Spieler gab es überhaupt nicht, der Rang der Spielenden war von vorneherein festgelegt worden.

Die Testpersonen spielten, wie sie annahmen, gleichzeitig mit einem besseren oder schlechteren Spieler. Da das Spiel viele Male wiederholt wurde (um genau zu sein, 108 Mal), begann sich für die betreffende Testperson langsam ein Muster abzuzeichnen: Die Drei-Sterne-Spieler brachten tatsächlich eine bessere Leistung als sie selbst, die Ein-Stern-Spieler spielten konsistent weniger erfolgreich. Der Leistungsunterschied und die Rangordnung der Spielenden änderten sich also nicht. Einen solchen Zustand bezeichneten die Wissenschaftler als stabile Hierarchie.

Während des Spiels lag die jeweilige Testperson im Scanner, so dass man ihre Hirnaktivität messen konnte. Es ergab sich ein konsistentes Muster: Immer wenn sie annahm, sie spiele mit einem besseren, in der Hierarchie über ihr stehenden Spieler, wurden Bereiche im Frontalhirn aktiv, die an der Beurteilung anderer und der Einschätzung des sozialen Status beteiligt sind. Diese Gehirnaktivität zeigte sich nur in Relation zu besseren Spielern, nicht beim Spiel gegen einen als „geringer" eingeschätzten Spieler. Bewunderung, Respekt und die Würdigung des Ansehens anderer lassen sich also einem speziellen Ort im vorderen Bereich des Gehirns zuordnen. Doch wie uns aus der Geschichte – wenn nicht gar aus eigener Erfahrung – bekannt ist, sind hierarchische Strukturen selten stabil. Wie reagiert unser Gehirn also in einer Situation, in der die Hackordnung instabil ist, in der die Möglichkeit besteht, selbst Ansehen zu erlangen und sozial aufzusteigen?

Um diese sozial äußerst relevante Frage zu beantworten, veränderten die Forscher ihr Testformat. Weiterhin spielten die Versuchspersonen mit Drei-Sterne- und Ein-Stern-Spielern, aber in diesem Teil der Studie bekamen sie die Chance, im Rang aufzusteigen (oder abzusinken). Auch hier waren die überlegenen und unterlegenen Spieler nicht real, und es bestand auch kein Zusammenhang zwischen dem Auf- und Abstieg der Versuchsperson innerhalb der Hierarchie und ihrer Leistung. Dennoch vermittelte sich der Testperson der Eindruck, es sei möglich, innerhalb der Hierarchie aufzusteigen, und mit einer gewissen Regelmäßigkeit gelang ihr das auch. Hin und wieder erreichte sie den Drei-Sterne-Rang, konnte ihn allerdings auch jeden Moment wieder verlieren. Um ihre neue Position innerhalb der Rangordnung deutlich zu machen, erschienen in Großbuchstaben Ermutigungen wie „DU BIST BEFÖRDERT WORDEN" auf dem Bildschirm, oder es wurde das Gegenteil verkündet „DU BIST DEGRADIERT WORDEN". Es bestand also eine instabile Hierarchie: das Leben eines ehrgeizigen Menschen konzentriert in einem nicht einmal zehnminütigen Spiel.

Was wurde daran deutlich? Auch in diesem Test wurden bestimmte Teile des Gehirns aktiv, allerdings andere als in der Situation der stabilen Hierarchie. Nun waren es die Bereiche, die an grundlegenden Emotionen wie Lust und Angst beteiligt sind; die tiefer im Inneren des Gehirns liegenden Areale, die evolutionär gesehen älter sind und die wir mit allen Säugetieren teilen. Es zeigte sich also, dass innerhalb einer instabilen Hierarchie, in der unser Ansehen steigen – und fallen – kann, die tierischen Instinkte in unserem Gehirn geweckt werden.

Auffallend dabei war, dass die Aktivität in diesen Bereichen während des – vorübergehenden – Erreichens der oberen Schicht der Pyramide am stärksten war. Diese Korrelation war bei denjenigen Probanden am deutlichsten, die den Drei-Sterne-Status am meisten genießen konnten (wie ein im Nachhinein beantworteter Fragebogen zu den Gefühlen, die der Test in ihnen weckte, belegte). Gerade bei ihnen feuerten die Nervenzellen am heftigsten. Auch hier wurde wieder der Nucleus accumbens aktiv, der Belohnungen registriert. Einen gewissen Status zu haben, ist also belohnend, befriedigend, ermutigend.[14] Und wie Studien mit Affen gezeigt haben, bleibt das nicht ohne langfristige Auswirkung auf das Gehirn.

DER STATUS VERÄNDERT DAS GEHIRN

In allen Affengemeinschaften, ob sie nun in freier Wildbahn oder in Gefangenschaft leben, stellt sich nach einer gewissen Zeit eine deutliche Rangordnung ein. Diese Hierarchie ist ziemlich einfach zu überschauen, denn das Verhalten von Affen ist wesentlich weniger kompliziert und subtil als das von uns Menschen. Macht und Prestige werden hemmungslos zur Schau gestellt und demonstrativ ausgelebt. Auch Unterwürfigkeit wird offen gezeigt. Die hierarchisch hochstehenden Affen sind aggressiv und dominant. Sie werden von den niedrigerstehenden Affen gestreichelt, nach Flöhen abgesucht und auch in anderer Weise auf einen einzigen Wink hin bedient. Bemerkenswert ist auch ihre strotzende Gesundheit. Wohingegen die schwächeren Affen an ihren Schrammen und Kahlstellen aufgrund der zahlreichen erlittenen Misshandlungen zu erkennen sind.

Bei Substanzmessungen im Gehirn dominanter und unterwürfiger Affen zeigen sich vor allem Unterschiede in der Dopaminmenge. Das Dopaminsystem mächtiger Affen ist wesentlich aktiver als das der rangniedrigeren Affen, ganz gleich ob es sich um Männchen oder Weibchen handelt. Mit Macht und gesellschaftlichem Erfolg geht also ein aktives Dopaminsystem im Gehirn einher – zumindest bei Affen.

Dopamin ist die Substanz, die für das Eingehen von Beziehungen, für Treue und für das Gefühl, belohnt zu werden, wichtig ist (wie wir im Kapitel über Freundschaft schon erfahren haben). Wie eine 2010 publizierte Studie der Columbia-Universität in New York nachweist, wirkt sich Macht – zumindest auf unser Gehirn – nicht anders aus als Liebe und Treue.

Auch in dieser Studie wurde bei vierzehn Testpersonen (mit Hilfe von Hirnscans) die Aktivität des Dopaminsystems gemessen und der soziale Status der Probanden ermittelt. Letzteres geschah, indem man den durchschnittlich dreißig Jahre alten New Yorker Testpersonen einen Fragebogen vorlegte, in dem sie ihr eigenes mutmaßliches gesellschaftliches Ansehen bewerten sollten. Die Wissenschaftler erkannten, wie zuvor schon bei den Affen, eine deutliche Korrelation zwischen dem sozialen Status der Probanden und der Aktivität ihres Dopaminsystems: Je höher ihr Status, desto stärker dessen Aktivität. Und in welchem Teil des Gehirns wurde dieser Zusammenhang entdeckt? Tatsächlich im Nucleus accumbens, dem Bereich, der eine Belohnung antizipiert, die Motivation reguliert und das Glücksgefühl registriert.

ZUM ABSCHLUSS

Einen gewissen Status zu haben ist günstig. Wir leben dadurch länger. Und wenn wir selbst gesellschaftliches Ansehen genießen, werden sogar unsere Kinder älter, zudem sind deren Gehirne besser gegen Stress gewappnet. Status stimuliert das Botenstoffmolekül Dopamin im Gehirn, die Substanz, die uns zum Handeln motiviert, uns Energie verleiht und belohnt. Kurzum: Ansehen macht glücklich. Das brauche ich Ihnen nicht zu erzählen? Natürlich nicht. Aber nun wissen Sie nicht nur, dass es so ist, sondern auch warum.

7. Trink nicht!

ALKOHOL UND DIE GEHIRNENTWICKLUNG

Sollte es wirklich noch Frauen geben, die während der Schwangerschaft Alkohol trinken? Nach der letzten Erhebung in den Niederlanden aus dem Jahr 2007 schon: Fast die Hälfte der Schwangeren gab darin an, weiterhin Alkohol zu trinken.

Dabei wissen wir schon seit dem Jahr 1899, dass Alkoholkonsum in der Schwangerschaft das ungeborene Baby schwerwiegend schädigen kann. Eine Studie aus diesem Jahr berichtet nämlich, dass ein Alkoholmissbrauch der Mutter die Gefahr einer Totgeburt erhöht; inzwischen wissen wir, dass es auch weniger finale, gleichwohl ebenfalls destruktive Auswirkungen gibt. Die Konsequenzen betreffen alle Organe. Aber der Teil unseres Körpers, der am empfindlichsten auf Alkohol reagiert und daher am stärksten geschädigt wird, ist unser Gehirn.

Kinder, deren Mütter während der Schwangerschaft Alkoholmissbrauch[15] begehen, sind nicht nur kleiner (sie gehören meistens zu den unteren 3 Prozent der Wachstumskurve), sie haben auch einen viel niedrigeren IQ – er liegt durchschnittlich um 65. Zudem sind ihre Gehirne kleiner und missgebildet. Beispielsweise sind die Verbindungsbahnen zwischen der rechten und linken Gehirnhälfte weniger gut ausgebildet, die Hirnrinde ist dünner und das Kleinhirn zeigt ungewöhnliche Veränderungen.[16]

In welchem Maße sich Alkohol auf den Embryo auswirkt, hängt von dessen Entwicklungsstadium ab. In den ersten Wochen der Schwangerschaft führt Alkohol zu vermehrtem Zelltod in dem sich entwickelnden Gehirn und einer anormalen Organisation und Migration der Nervenzellen: Dadurch bleibt das Gehirn kleiner, wandern Nerven an die falschen Stellen, können die Nervenbahnen nicht vollständig ausreifen und nur eine geringere Zahl von Schaltungen generieren. Im zweiten Trimester der Schwangerschaft (4.–6. Monat) hemmt Alkohol den normalen Aufbau von Synapsen, den Nervenenden, die für die Übertragung der Signale von einem zum anderen Nerv verantwortlich sind. Im dritten und letzten Trimester schließlich kommt es zu einer Schädigung des Hippocampus, des Hirnbereichs, der für das Lernen und Speichern neuer Informationen verantwortlich ist – wie auch für das Eindämmen hormoneller Stressreaktionen. Auch das Cerebellum (das Kleinhirn), dessen Aufgabe darin besteht, unsere Bewegungen – und wahrscheinlich auch unsere Gedanken – zu koordinieren, erleidet in dieser Phase den größten Schaden.

Alkohol hat in der Schwangerschaft also sehr destruktive Auswirkungen auf das sich entwickelnde Gehirn des Kindes. Aber die Wirkungen von Alkohol bleiben keineswegs auf diese Phase beschränkt. Das Gehirn entwickelt sich schließlich ein Leben lang weiter. Zellteilungen und Veränderungen im Gehirn finden nicht nur während der Zeit in der Gebärmutter und kurz danach statt. Im Gegenteil, das Gehirn ist ebenso lebendig, flexibel und daher auch ebenso verletzlich wie unsere Muskeln, Knochen oder Nieren. Und daher auch ebenso sensibel gegenüber Umgebungseinflüssen. Alkoholkonsum wirkt sich daher zu jeder Zeit auf das Gehirn aus. Nicht nur, weil er Zellen zerstört, sondern vor allem, weil er die Neubildung von Nervenzellen verhindert.

Dass die Phase in der Gebärmutter eine Zeit ist, in der das Gehirn auf die Auswirkungen von Alkohol sehr empfindlich reagiert, dürfte mittlerweile klar sein. Danach werden die meisten Kinder (zumindest in Deutschland) fünfzehn Jahre von dem Einfluss von Alkohol auf ihr Gehirn verschont (was nicht heißt, dass sie nicht unter den indirekten Folgen von Alkohol leiden, etwa an Misshandlungen, Missbrauch und anderen sozialen Folgen des Alkoholismus ihrer Eltern oder Erziehungsberechtigten). Aber in der Pubertät ändert sich das. Denn dann wird es *cool*, Alkohol zu trinken, und manche Jugendlichen finden es ganz normal zu trinken. Betrunken zu sein ist sozial akzeptiert und *Komasaufen* ein Zeichen zunehmender Unabhängigkeit auf dem Weg zum Erwachsenwerden. Aber das Gehirn der Jugendlichen ist ganz und gar nicht ausgereift. Im Gegenteil, ihr Gehirn ist fast so verletzlich wie in der Zeit, als sie noch in der Gebärmutter lagen.

ALKOHOL UND DIE GEHIRNENTWICKLUNG IN DER PUBERTÄT

Auch wenn unser Gehirn sein Wachstum zu Beginn der Pubertät größtenteils vollendet hat, heißt das noch lange nicht, dass auch seine Entwicklung damit zum Stillstand gekommen wäre. Im Gegenteil, das Gehirn macht gerade in dieser Zeit gravierende Veränderungen durch, die nicht so sehr von Wachstum, sondern von einem Schrumpfen geprägt sind. Die Entwicklung des Gehirns in der Jugendzeit wurde im Labor von Dr. Judy Rapoport vom amerikanischen National Institute of Mental Health und von uns in Utrecht untersucht. Beide Forschungseinrichtungen identifizierten dasselbe Schema: Die Hirnrinde beginnt zwischen dem neunten und zwölften Lebensjahr, also im Anfangsstadium der Pubertät, dünner zu werden. Und diese Entwicklung ist nicht nur normal, sie ist sogar günstig, denn je ausgeprägter die Verdünnung ist, desto höher die Intelligenz.[17] Diese Veränderung kommt erst mit dem Ende der Pubertät, im Alter von etwa zwanzig Jahren, zum Stillstand.

Die Ursache für diese Verdünnung der Hirnrinde liegt darin, dass in der Pubertät im Gehirn eine Auswahl getroffen wird zwischen wichtigen Verbindungen, die häufig verwendet werden, und Bahnen, die weniger aktiviert werden und daher entfernt werden können. Dieser Prozess, in dem überflüssige und ungenutzte Bahnen gekappt werden, ist ebenso wichtig wie das Wachstum des Gehirns und findet, wie gesagt, vor allem in der Pubertät statt. Eine Störung dieses Prozesses kann zu einer abnormen Entwicklung führen. Alkohol ist einer der Faktoren, die dazu beitragen können.

Schon 1990 ist ein Artikel erschienen, in dem die Resultate einer kleinen Studie vorgestellt wurden, in der die Auswirkungen von Alkohol auf das Gehirn von Jugendlichen in der Pubertät mit Hilfe von MRT-Scans untersucht worden waren. Die Hirnscans von zwölf im Durchschnitt 17-jährigen Jugendlichen, die regelmäßig Alkohol in großen Mengen konsumierten, wurden mit Scans von 24 Altersgenossen verglichen, die keinen oder kaum Alkohol tranken. Die beiden Gruppen unterschieden sich im Hinblick auf ihr Gehirnvolumen beträchtlich: Der Hippocampus war bei den trinkenden Jugendlichen deutlich kleiner. Und nicht nur das, diese Verkleinerung stand in Relation mit der Anzahl von Jahren, die sie schon Alkohol konsumiert hatten. Je länger diese Jugendlichen getrunken hatten, desto kleiner war ihr Hippocampus.

Es ist, wie gesagt, eine kleine Studie, und ein Teil der trinkenden Jugendlichen konsumierte auch andere Drogen wie Cannabis. Daher ist es nicht auszuschließen, dass der Effekt im Hippocampus auch auf andere Mittel als Alkohol zurückzuführen ist. Wahrscheinlich ist das jedoch nicht, da eine Relation zwischen der Dauer des Alkoholkonsums und der Verkleinerung des Hippocampus festgestellt wurde. Die Validität dieser Studie ist eher dadurch beeinträchtigt, dass nur *ein* Hirnscan bei den Jugendlichen durchgeführt wurde. Welchen Effekt Alkohol auf das Gehirn Jugendlicher hat, lässt sich erst dann wirklich feststellen, wenn man zwei Hirnscans durchführt: einen vor und einen anderen nach der Phase, in der sie stark getrunken haben. Das ist jedoch in der Praxis kaum machbar. Daher sind solche Studien beim Menschen noch nicht durchgeführt worden. Bei unseren engsten tierischen Verwandten, den Affen, allerdings schon. Die Ergebnisse sind besorgniserregend.

Affen lassen sich leicht an Alkoholkonsum gewöhnen. In einer kalifornischen Studie wurde einer Gruppe von sieben vier- bis fünfjährigen Affen (ein Alter, das der Pubertät beim Menschen entspricht) über einen Zeitraum von sechs Wochen Alkohol angeboten. Sie konnten die Menge selbst dosieren. Die meisten Tiere tranken schließlich eine Dosis, der beim Menschen zwei Gläser Bier täglich entspräche. Nach dieser sechswöchigen Phase wurde die Gruppe geteilt: Vier Affen durften weiterhin Alkohol trinken, den anderen bot man keinen mehr an. Zehn Monate später wurde auch den vier anderen Tieren der Alkohol entzogen. Weitere zwei Monate später wurde ihr Gehirn untersucht (alle waren also mindestens zwei Monate alkoholabstinent).

Trotz der alkoholfreien Phase von zwei Monaten, die der Gehirnuntersuchung vorausging, fanden die Wissenschaftler des Scripps Research Institute aus La Jolla in Kalifornien deutliche Unterschiede zwischen der alkoholtrinkenden und der fast alkoholfreien Gruppe. Im Hippocampus der Affen, die noch zehn Monate Alkohol getrunken hatten, wurden nur halb so viele neue Zellkerne gefunden. Vor allem Stammzellen, also Zellen, die für die ständige Produktion frischer Neuronen verantwortlich sind, waren viel weniger zu sehen. Gleichzeitig wurden weitaus mehr tote Nervenzellen gefunden. Die Wissenschaftler zogen daraus den Schluss, dass der Hippocampus in der Adoleszenz auf die Auswirkungen von Alkohol extrem empfindlich reagiert.

Doch dieser schädliche Effekt von Alkohol ist nicht per se an langfristigen Konsum gekoppelt. Das geht zumindest aus einer Studie mit Ratten hervor, die in ihrer (nur wenige Monate dauernden) Pubertätsphase getestet worden sind. In dieser Studie wurde nachgewiesen, dass eine Alkoholgabe schon nach fünf Stunden (!) zu einer 63-prozentigen Reduktion der neuen Nervenzellen im Gehirn führt. Und dieser Effekt stellte sich schon bei der geringsten Dosis Alkohol ein (die beim Menschen mit dem einmaligen Konsum von fünf Bier vergleichbar wäre). Richtig große Mengen Alkohol, die beim Menschen einem Abend *Binge-Drinking* entsprächen (zwanzig Gläser Bier oder Schnaps), bewirkten nach fünf Stunden eine 99-prozentige Reduktion der Zellneubildung in allen untersuchten Hirnregionen – also einen nahezu völligen Stopp der Zellneubildung.

Und obwohl es sich dabei nur um eine einmalige Alkoholgabe handelte, blieben deren Auswirkungen bis zum Ende der Studie 28 Tage danach noch nachweisbar. Am stärksten ausgeprägt waren sie im Hippocampus. Da dieser Gehirnbereich für die Aufnahme neuer Informationen, mit anderen Worten für das Lernen wesentlich ist, war zu erwarten, dass sich der Einfluss des Alkohols besonders auf diesem Gebiet deutlich bemerkbar machen würde. Und das hat sich auch bestätigt.

Um herauszufinden, wie schnell Ratten lernen können, wird oft der Wasserlabyrinthtest verwendet. In einem mit eingetrübtem Wasser gefüllten Gefäß wird direkt unter den Wasserspiegel eine kleine Plattform gesetzt, die für die Ratten nicht

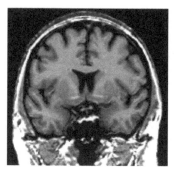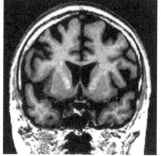

Abbildung 7: MRT-Querschnitt des Gehirns eines gesunden Mannes (links) und eines Mannes mit übermäßigem Alkoholkonsum (rechts). Beide sind etwa fünfzig Jahre alt.

sichtbar ist. Nachdem die Ratte einige Zeit herumgeschwommen ist, hat sie herausgefunden, wo sich die Plattform befindet. Dazu kann sie sich an bestimmten Gegenständen, die um das Gefäß herum stehen, orientieren. Dann nimmt man die Ratte aus dem Gefäß heraus und setzt sie erst nach längerer Zeit wieder zurück hinein. Wie schnell die Ratte lernt, kann nun anhand der Zeit gemessen werden, die sie braucht, um die Plattform wiederzufinden.

Die Studie, um die es hier geht, befasste sich jedoch nicht mit der Frage, wie schnell Ratten lernen, sondern speziell mit den Auswirkungen von Alkohol auf das Lernen. Obwohl man den Tieren nur einmal fünf Stunden lang Alkohol verabreicht hatte, konnten sie sich vier Wochen darauf immer noch nicht gut merken, wo sich die Plattform befand. Sie brauchten für die Suche doppelt so lange wie die Kontrollratten, die keinen Alkohol zu sich genommen hatten. Anders formuliert: Selbst ein kurzfristiger Alkoholexzess, ähnlich dem Komasaufen bei Jugendlichen, hat einen Effekt auf das Gehirn, der wochenlang anhält.

ALKOHOL, UNSER GEHIRN UND DAS ERWACHSENENALTER

Unser Gehirn entwickelt sich unablässig und auch die Nervenzellen bilden sich kontinuierlich neu. Diese Zellteilung findet im Hippocampus statt. Der Grund dafür liegt wahrscheinlich darin, dass für das Aufnehmen neuer Informationen junge Zellen gebraucht werden. Obwohl sich der Hippocampus mit fortschreitendem Alter verkleinert (so wie der Rest des Gehirns, also ungefähr um 1 Prozent pro Jahr), hält die Produktion der Nervenzellen an. Wie wir gesehen haben, blockiert Alkohol diesen Prozess in der Pubertät. Im Erwachsenenalter ist das ebenso der Fall. Unzählige Studien mit Ratten haben das auf die gleiche Weise nachgewiesen, wie das mit Tieren in der „Pubertätsphase" zuvor bereits gelungen war.

Hierbei hat sich gezeigt, dass schädliche Auswirkungen sich auch bei erwachsenen Tieren nicht erst nach langfristigem Konsum ergeben. Selbst kurzzeitiges heftiges Trinken schädigt das Gehirn. Bei Ratten genügen vier Tage: Wenn erwachsene Ratten eine so lange (oder, wenn Sie wollen, so kurze) Zeit einer hohen Dosis Alkohol ausgesetzt werden, stirbt eine Vielzahl von Zellen im Hippocampus, ohne dass neue Zellen gebildet werden. Das Gedächtnis dieser Tiere und die Fähigkeit, neue Informationen aufzunehmen, ist folglich ebenso wie bei Tieren im Pubertätsalter stark geschwächt.

Dass Alkohol tatsächlich das Gehirn schädigt, ist auch durch Messungen der Aktivität bestimmter Körperzellen messbar. Es handelt sich dabei um die sogenannten Makrophagen, die „Staubsauger" unseres Körpers, die sozusagen für die „Müllbeseitigung" verantwortlich sind. Dieser Müll besteht meistens aus Bakterien oder toten Zellen des eigenen Körpers. Die Aktivität dieser Makrophagen wurde beim Menschen noch nicht zu Messungen herangezogen. Bei Ratten konnte jedoch nachgewiesen werden, dass sich ihre Aktivität im Gehirn stark erhöht, wenn das Gehirn Alkohol ausgesetzt war. Und diese Schädigung lässt sich bereits beobachten, nachdem Ratten vier Tage lang Alkohol verabreicht wurde. Ein deutlicherer Hinweis darauf, dass Alkohol das Gehirn schädigt, ist kaum denkbar.

ZUM ABSCHLUSS

Dass starker Alkoholmissbrauch zu einer schweren Schädigung des Gehirns und anderer Organe wie der Leber führt, ist bereits mehr als ein Jahrhundert lang bekannt. Das Wernicke-Korsakoff-Syndrom, das (aufgrund der gewaltigen Schäden im Hippocampus) mit Bewegungsstörungen und dem fast völligen

Verlust der Fähigkeit einhergeht, sich neue Ereignisse einzuprägen, ist bereits im neunzehnten Jahrhundert beschrieben worden. Häufig wird angenommen, dass diese Erkrankung weitgehend auf eine Mangelernährung zurückzuführen ist, vor allem auf einen Vitamin-B-Mangel.

Das ist nicht richtig.

Bei allen Tierexperimenten, sowohl bei Ratten wie auch bei Affen, war die verabreichte Alkoholmenge nicht exzessiv und die Ernährung angemessen. Die schädigenden Auswirkungen von Alkohol auf die Zellneubildung im Gehirn, vor allem im Hippocampus, ergaben sich auch bei einem guten Ernährungszustand. Davon auszugehen, dass eine gute Ernährung die nachteiligen Auswirkungen von Alkohol verhindern könnte, wäre daher sogar eine totale Fehlinterpretation der toxischen Wirkung auf unsere Hirnzellen. Die Schädigung durch Alkohol lässt sich erst dann angemessen erfassen, wenn man sich klarmacht, dass dieses Molekül einen fundamentalen Prozess im Gehirn behindert: die Zellneubildung.

Alkohol behindert die Zellneubildung im Gehirn auf zwei unterschiedliche Weisen: Zunächst hemmt er die Teilung der neuronalen Stammzellen, also der Zellen, die am Anfang der Nervenneubildung stehen. Wahrscheinlich ist das ein toxischer Effekt des Alkohols. Außerdem haben die bestehenden Zellen unter Alkoholeinfluss eine geringere Überlebenschance. Der erste Effekt, der die Neubildung ausbremst, ist allerdings bei weitem der wichtigere.

Diese Auswirkungen auf die Entwicklung und die Plastizität des Gehirns bleiben nicht folgenlos: Das Lernen und Speichern von Informationen wird beeinträchtigt und diese Einschränkung bleibt noch Monate nach dem Einstellen des Alkoholkonsums erhalten.

Ebenso wie man sich nicht mit dem Gedanken trösten kann, gute Ernährung mildere die Auswirkungen von Alkohol ab, ist die Schädigung nicht nur eine Folge langfristigen oder exzessiven Konsums. Im Gegenteil, es ist auffallend, dass die Alkoholmenge in den Tierexperimenten mit einem mäßigen Alkoholkonsum beim Menschen (mit zwei Gläsern Bier täglich) vergleichbar ist. Außerdem wird der Hippocampus offenbar auch schon von einer einzigen Alkoholdosis geschädigt.[18]

Schon seit Jahrhunderten wird vermutet, dass Alkohol unserem Gehirn schadet. Heute wissen wir nicht nur, dass diese Annahme richtig ist, sondern auch warum: Alkohol behindert die für unser Gehirn grundlegende Flexibilität. Die Folgen sind daher gravierend, und zwar nicht nur für den Einzelnen (und dessen Gehirn). Welche individuellen Schäden Alkoholkonsum verursacht, wurde hier eingehend dargestellt; welcher gesellschaftliche Schaden daraus erwächst, steht auf einem ganz anderen Blatt. Geboten und Verboten gerecht zu werden, ist nicht immer leicht. Doch hier konnten Sie auf jeden Fall lesen, welchen Preis Sie zahlen müssen, wenn Sie dieses Gebot ignorieren.

8. Trimm dich!

EIN GESUNDES GEHIRN IN EINEM GESUNDEN KÖRPER

Schon die alten Römer wussten es: kein gesunder Geist ohne gesunden Körper. Dennoch hat es ein paar tausend Jahre gedauert, bis die Wahrheit dieser Annahme wissenschaftlich bewiesen werden konnte. Die erste Studie, die nachgewiesen hat, dass eine gute körperliche Konstitution die Hirntätigkeit verbessert, stammt aus dem Jahr 1936. Sie kam zu dem Ergebnis, dass junge Athleten eine kürzere Reaktionszeit haben als ihre weniger gut trainierten Altersgenossen.

Seither hat sich zweifelsfrei herausgestellt: Körperliche Fitness trägt tatsächlich zu einem gesunden Geist bei, zumindest verbessert sie die kognitive Leistung. Und das in jedem Alter. Bei Jugendlichen fördert sie die schulische Leistung, unabhängig davon, welche Methode oder Technik genutzt wird, um die Fitness zu verbessern. Dieser Effekt ist für die gesamte Schulzeit nachweisbar, er zeigt sich bei Kindern bzw. Jugendlichen von vier bis achtzehn Jahren. Doch es steigern sich nicht nur die schulischen Leistungen, eine bessere körperliche Verfassung hat auch die Erhöhung des allgemeinen IQ zur Folge.

Bei älteren Menschen verhält sich das nicht anders. Die Resultate einer ganzen Reihe von Studien zu den Auswirkungen körperlichen Trainings auf das Geistesvermögen älterer Menschen zeichnen das gleiche Bild: Körperliche Fitness fördert auch bei älteren Menschen die kognitive Leistungsfähigkeit. Und das zeigt sich in diesen Studien, obwohl die Untersuchungsmethoden, ebenso wie die der Studien zu jüngeren Menschen, höchst unterschiedlich waren. Während einige Wissenschaftler ein kurzes Training von 15 bis 30 Minuten pro Einheit einplanten, sahen andere längere Trainingsphasen vor oder kombinierten ein Krafttraining mit einem kardiovaskulären Konditionstraining. Auch die Dauer der gesamten Trainingsphase variierte in den Studien von wenigen Monaten bis zu mehr als einem halben Jahr. Dennoch ist der Effekt bei allen überraschend eindeutig: Ältere Menschen, die körperlich trainiert haben, schneiden in allen möglichen mentalen Tests viermal besser ab als ihre Altersgenossen (der Kontrollgruppe), die sich nicht am Fitnesstraining beteiligt hatten.

Wie funktioniert das? Wie verbessert körperliche Fitness die intellektuelle Leistung von Kindern, Jugendlichen und alten Menschen? Dieser Effekt muss natürlich über das Gehirn zustande kommen. Die Antwort lieferten Studien mit Ratten und Mäusen. Aus diesen Studien wird ersichtlich, dass körperliche Aktivität nicht nur die Leistungsfähigkeit der Tiere verbessert, sondern auch zu einem fitteren, gesünderen Gehirn beiträgt.

KÖRPERLICHE FITNESS UND NEUE GEHIRNZELLEN

Labormäuse (Laborratten übrigens auch) haben ein wenig aufreibendes Leben. Sie leben allein oder in Vierergruppen in gläsernen Behältern, nicht viel größer als Schuhkartons, mit etwas Wasser und Nahrung in Reichweite und Sägespänen auf dem Boden. Eine solche Umgebung ist nur ein blasser Schatten ihres ursprünglichen Habitats.

Daher haben Forscher und Forscherinnen den Versuch unternommen, ihnen einen Lebensraum zu schaffen, der ihre Lebenssituation in freier Wildbahn in Bezug auf Ablenkungen, Reize und Vielfalt einigermaßen (mit Betonung auf diesem letzten Wort) widerspiegelt. Ein solches Umfeld bezeichnet man als „angereichert". Es besteht aus einem größeren Behälter mit Röhren, durch die die Tiere hindurchkriechen können, einem Laufrad, in dem sie rennen können, und einer Reihe von Tunneln. Daneben bekommen sie eine abwechslungsreiche Diät.

Aus zahllosen Studien geht hervor, dass Mäuse in einem solchen angereicherten Umfeld bei vielen kognitiven Aufgaben erfolgreicher sind. Aber warum das so ist, ist nicht unmittelbar klar. Ein angereichertes Umfeld unterscheidet sich in vielerlei Hinsicht von der kahlen Behausung, in der Labormäuse normalerweise leben. Die Steigerung ihrer kognitiven Leistungen könnte daher auch auf die neue Umgebung selbst, auf die größere Zahl unterschiedlicher Stimuli oder auf das nahrhaftere Essen zurückzuführen sein. Zudem steht in einem solchen angereicherten Umfeld auch immer ein Laufrad, in dem die Tiere rennen können. Im Gegensatz zur Standardsituation wird den Tieren in der angereicherten Umgebung daher Gelegenheit geboten, sich körperlich stark anzustrengen. Und das tun sie nur allzu gern. Es ist also ebenso gut möglich, dass die gesteigerte körperliche Aktivität bei den Tieren zur Steigerung der kognitiven Leistungen beiträgt.

Henriette van Praag und Fred Gage vom Salk Institute in San Diego, Kalifornien, haben die Frage zu beantworten versucht, warum Mäuse in einer angereicherten Umgebung kognitiv so viel bessere Leistungen bringen. Sie setzten Mäuse in unterschiedliche Käfige mit und ohne Laufrad. Zu den Tieren, die ihre Lernleistung am meisten verbesserten, gehörten ausschließlich Tiere, die ein Laufrad zur Verfügung hatten. Das ist für sich genommen schon ein wichtiges Ergebnis, denn offenbar ist es von allen Aspekten der angereicherten Umgebung die körperliche Aktivität, die die bessere kognitive Leistung bewirkt.

Doch die Forscher aus San Diego gingen noch einen Schritt weiter: Sie untersuchten das Gehirn der Mäuse, die in den unterschiedlich gestalteten Käfigen gelebt hatten. Diese Untersuchung ergab, dass sich in den Gehirnen der Tiere, die im

Laufrad rennen konnten, mehr neue Nervenzellen gebildet hatten als in den Gehirnen der Mäuse, die sich körperlich nicht angestrengt hatten. Das bedeutet, die Neubildung von Gehirnzellen war keine Folge einer abwechslungsreichen Umgebung oder einer gesünderen Kost, sondern eine Folge körperlicher Aktivität.

Dass sich neue Zellen im Gehirn bilden, ist nicht aufsehenerregend; das war schon bekannt. Dass körperliche Aktivität das Zellwachstum bei Tieren stimulieren kann, war jedoch ein neues und einschneidendes Ergebnis. Die Zunahme dieses Zellwachstums war beträchtlich: Im Unterschied zu ihren passiven Artgenossen ergab sich im Gehirn der aktiven Tiere eine Steigerung um 200 Prozent.

Mittlerweile ist dieses Ergebnis in vielen ähnlichen Studien bestätigt worden: Körperliche Anstrengung verbessert, da die Zellneubildung im Gehirn aktiviert wird, auch die kognitive Leistung von Ratten und Mäusen. Dennoch ist die Aussagekraft dieser Studien begrenzt. Denn alle der genannten Studien zur Wirkung körperlicher Aktivität auf die Neubildung von Hirnzellen sind mit jungen Tieren durchgeführt worden. Daher blieb ungeklärt, ob ältere Gehirne ebenfalls von körperlicher Anstrengung profitieren. Wobei doch gerade im Alter dieser Effekt besonders günstig wäre. Denn unser Gehirn schrumpft schnell. Das wissen wir aufgrund von Humanstudien, für diese Erkenntnis bedurfte es keiner Versuche mit Nagetieren. Die Effekte des Alters auf das humane Gehirn sprechen (leider) für sich.

DIE ALTERUNG DES GEHIRNS

Ein Großteil der Untersuchungen über die Auswirkungen des Alters auf unser Gehirn wurde an toten Menschen durchgeführt, es handelt sich hierbei also um sogenannte Post-Mortem-Studien. Obwohl diese sehr genau sind und Forschern und Forscherinnen ermöglichen, die Entwicklung des Gehirns auf zellulärer und molekularer Ebene zu bestimmen, liegt eine Einschränkung dieser Methode darin, dass es sich zwangsläufig immer um eine einmalige Messung handelt. Es sind immer Momentaufnahmen, die zudem erst nach dem Tod getätigt werden. Mehrmalige Untersuchungen bei derselben Person durchzuführen, ist nicht einfach. Um wirklich herauszufinden, wie sich das Gehirn im Laufe der Zeit, das heißt mit zunehmendem Alter, entwickelt, sind Mehrfachmessungen bei derselben Person allerdings unverzichtbar. Möglich werden sie durch den Einsatz von Hirnscans.

In einer Studie unserer Forschungsgruppe am Rudolf-Magnus-Institut und des medizinischen Zentrums der Universität Utrecht haben wir hunderte von Testpersonen zwischen dem sechzehnten und siebzigsten Lebensjahr zweimal oder öfter im Abstand von etwa fünf Jahren mittels MRT untersucht. Aus dieser Untersuchung ging hervor, dass im Gehirn mit (dem Ende) der Pubertät ein leichter Schrumpfungsprozess einsetzt, das Gehirnvolumen in den darauf folgenden zwanzig Jahren jedoch ziemlich stabil bleibt. Vom fünfundvierzigsten Lebensjahr an kommt es dann allerdings allmählich zu einer gleichmäßigen Verringerung des Volumens. Dieses Muster ließ sich auch durch den Vergleich der Ergebnisse aus dutzenden von Studien erhärten, die mittels mehrfacher MRT-Messungen untersucht haben, wie das Gehirn sich beim Alterungsprozess verändert. Auch die Post-Mortem-Studien bestätigten diese Ergebnisse.

Die Reifung des Gehirns beginnt offenbar am Ende des sechsten Schwangerschaftsmonats und dauert an bis ins Alter von Mitte dreißig. Danach kommt es kurz zu einer Phase des Stillstandes, bis schließlich die Verbindungen zwischen den verschiedenen Hirnregionen in den mittleren Jahren dünner werden und das Gehirnvolumen sich langsam (etwa 1 Prozent pro Jahr), aber stetig verringert. Es gibt allerdings eine Hirnregion, in der die Nervenzellen beträchtlich schneller abnehmen: im Hippocampus, dem Teil des Gehirns, der neue Informationen speichert. Diese Verringerung erklärt auch, warum wir in fortgeschrittenem Alter nicht mehr so leicht Neues (eine neue Sprache zum Beispiel) lernen wie in jüngeren Jahren.[19]

Unser Gehirn wird also sehr langsam kleiner, wenn wir älter werden, wobei der Hippocampus überproportional stark schrumpft. Und das ist kein Zufall, denn gerade dort bilden sich neue Zellen. Diese Neubildung wird vom Alterungseffekt besonders stark beeinträchtigt. Zumindest bei Mäusen (denn beim Menschen wurde das noch nicht erforscht).

Neurowissenschaftler der Universität Taiwan haben die altersbedingten Auswirkungen auf die Zellneubildung im Hippocampus bei Mäusen von drei, acht, zwölf und vierundzwanzig Monaten erforscht. Da das Leben einer Maus wesentlich kürzer als das eines Menschen dauert, ist ein solches Tierchen mit zwei Jahren schon uralt, acht Monate entsprechen schon dem Beginn der mittleren Lebenszeit beim Menschen (einem Alter etwa vierzig Jahren) und zwölf Monate etwa fünfzig Menschenjahren. Bei allen Tieren wurde die Anzahl neuer Nervenzellen sowohl im Gehirn insgesamt als auch im Hippocampus gemessen. Das Resultat hatte es in sich: Schon in einem mittleren Mäusealter hatte sich die Anzahl der Zellneubildungen im Gehirn um die Hälfte verringert, und im Alter von einem Jahr betrug die Reduktion bereits gut 80 Prozent.

BOTOX FÜRS GEHIRN

Lässt sich der altersbedingte Effekt, die Verringerung der Gehirnzellenneubildung, abmildern? Und wenn ja, wie?

Eine naheliegende Maßnahme wäre körperliche Anstrengung. Denn schließlich haben Studien bei jungen Tieren gezeigt, dass körperliche Fitness die Neubildung von Nervenzellen fördert. Sollte das lateinische Sprichwort auch in höherem (Tier-)Alter noch seine Gültigkeit haben?

Die taiwanesischen Forscher beschlossen, der Sache auf den Grund zu gehen. Sie untersuchten, ob sich der von Henriette van Praag bei jüngeren Mäusen entdeckte Effekt auch bei Tieren mittleren Alters einstellt. Anders formuliert, ob körperliche Aktivität auch bei älteren Mäusen zu einer stärkeren Neubildung von Zellen im Gehirn führt. Die Forscher trainierten die alten Mäuse, indem sie diese über fünf Wochen eine Stunde täglich in einem Laufrad rennen ließen (man kann selbst alten Mäusen noch eine Menge beibringen). Und tatsächlich war auch in dieser Gruppe im mittleren Mäusealter genau wie zuvor bei den drei Monate alten Tieren zu erkennen, dass körperliche Anstrengung die Neubildung von Zellen im Gehirn steigert.

Proportional gesehen waren die Auswirkungen der Anstrengung bei den älteren Mäusen sogar ausgeprägter als bei den jungen Tieren. Es wurden nicht nur mehr neue Zellen gebildet, sie hatten auch eine längere Lebensdauer und es wurden mehr Verknüpfungen angelegt, genauso wie man es zuvor bei den viel jüngeren Tieren beobachtet hatte. Mit anderen Worten: Körperliche Anstrengung fördert bei Jung und Alt das Wachstum des Gehirns. Zumindest bei Mäusen. Und beim Menschen?

Bemerkenswerterweise gibt es kaum tragfähige Studien zu den Auswirkungen körperlicher Fitness auf das Gehirn des Menschen. Es existiert zwar eine ganze Reihe von Untersuchungen, die das Gehirn körperlich aktiver Senioren mit dem ihrer Altersgenossen verglichen haben, die es ruhiger angehen ließen, aber diese Resultate sind wenig aussagekräftig.[20] Denn obwohl das Gehirn (und besonders der Hippocampus) der aktiven Gruppe in den meisten Studien größer war als das ihrer bewegungsärmeren Altersgenossen, ist damit noch keineswegs geklärt, ob die Unterschiede in ihren Gehirnen dem Maß ihrer körperlichen Ertüchtigung zuzuschreiben waren. Die Unterschiede könnten ebenso in der Auswahl der Testpersonen begründet sein: Die Aktiven sind vielleicht motivierter. Oder sie leben gesünder. Sie rauchen beispielsweise weniger, essen mehr Gemüse und widmen ihrer Gesundheit vielleicht auch in anderer Hinsicht mehr Aufmerksamkeit.

Die einzige Möglichkeit, die Auswirkungen körperlicher Anstrengung auf das Gehirn hieb- und stichfest zu untersuchen, besteht in einer sogenannten randomisierten Studie. Darin werden die Testpersonen willkürlich in zwei Gruppen aufgeteilt: Die eine Gruppe strengt sich dann in einem bestimmten Zeitraum an, die andere nicht. Da die Versuchspersonen einer der beiden Gruppen per Los zugeordnet werden, kann jeglicher Unterschied in den Testergebnissen nur der Intervention zugeschrieben werden; denn schließlich macht sie den einzig relevanten Unterschied aus. Bisher ist erst eine einzige Studie, die in dieser Form bei älteren Menschen durchgeführt wurde, publiziert worden. Ihre Resultate sind jedoch sehr ermutigend.

An dieser Studie, die von Forschern der Universität Pittsburgh in den USA durchgeführt und im Frühjahr 2011 publiziert wurde,[21] waren 120 Testpersonen im Alter von durchschnittlich 65 Jahren beteiligt. Zunächst wurde von allen ein Hirnscan erstellt und ihr Fitnesslevel sorgfältig und objektiv dokumentiert. Danach nahm eine Hälfte der Gruppe an einem Fitnessprogramm teil. Ein Jahr lang hatten sie an drei Tagen in der Woche 40 Minuten zügig zu gehen. Die andere Hälfte machte in diesem Jahr Dehn- und Gleichgewichtsübungen sowie Yoga, um sicherzustellen, dass sie zwar aktiv waren, dabei aber nicht ihre Kondition verbesserten. Die Hirnscans wurden nach sechs Monaten und am Ende der Testphase, nach einem Jahr also, wiederholt.

Wie zu erwarten war, verbesserte sich die Kondition der Fitnessgruppe im Vergleich zu derjenigen mit den Älteren, die nur Dehnübungen und Yoga gemacht hatten, beträchtlich. Doch gingen die Vorteile für die erste Gruppe noch darüber hinaus. Bei den Teilnehmern dieser Gruppe hatte sich das Volumen des

Hippocampus um 2 Prozent vergrößert, während es sich in der Kontrollgruppe um 1,5 Prozent verringert hatte. Letzteres entspricht exakt dem, was man im Laufe von einem Jahr bei Menschen dieser Altersgruppe erwarten würde: Die Volumenabnahme liegt normalerweise bei ungefähr 1 bis 2 Prozent pro Jahr.

Körperliche Anstrengung kann dieser Verringerung in höherem Alter also Einhalt gebieten, ja, sie kann sie sogar umkehren. Freilich ist es unwahrscheinlich, dass man die altersbedingten Effekte auf diese Weise langfristig ausgleichen kann. Das Wachstum des Hippocampus stand offenbar in einem unmittelbaren Zusammenhang zur gesteigerten Fitness der Testpersonen: Je fitter sie waren, desto größer war ihr Hippocampus. Eine solche Vergrößerung des Gehirns hätte jedoch wenig Sinn, wenn sie nicht auch funktionelle Auswirkungen hätte. Doch auch diese ließen sich nachweisen. Da alle Testpersonen vor und nach der Intervention einem Gedächtnistest unterzogen worden waren, konnte nachgewiesen werden, dass ihr Abschneiden im Test dem Zuwachs (oder der Verringerung) ihres Hippocampusvolumens entsprach.

Kurzum: Körperliche Ertüchtigung kann die altersbedingten Auswirkungen auf das Gehirn teilweise ausgleichen oder zumindest verzögern. Dass es sich dabei nicht um gewaltige Anstrengungen handeln muss (sondern etwa nur darum, dreimal wöchentlich 40 Minuten zügig zu gehen), hat beträchtliche praktische Implikationen.

ZUM ABSCHLUSS

Was schon die alten Römer ahnten, bestätigt sich heute auf der Basis tief greifender biologischer Prozesse: Körperliche Anstrengung führt durch die zunehmende Neubildung von Hirnzellen zu besseren kognitiven Leistungen. Das gilt sowohl für

Kinder und Jugendliche als auch für Menschen im mittleren und fortgeschrittenen Alter. Ein gesunder Körper hat Vorteile, von denen wir ein Leben lang profitieren können. Wir leben nicht nur länger, als Kinder werden wir dadurch auch klüger und als Erwachsene etwas langsamer vergesslich.

PS: GEHIRNTRAININGS FUNKTIONIEREN NICHT!

Während die Steigerung der körperlichen Fitness tatsächlich die kognitive Leistung verbessert, trifft das Gleiche nicht auf das „Trainieren" der „mentalen Funktionen" zu, auf die sogenannten „Gehirntrainings". Unzählige Bücher, Videoprogramme und Internetseiten bieten Tests und Übungen an, die – bei fleißiger Nutzung – Ihre kognitiven Funktionen angeblich verbessern. Das ist ein Millionengeschäft. Aber es funktioniert nicht.

Wie steht es um die „wissenschaftlichen" Beweise, auf die sich diese Programme berufen? Nun ja, die Tests verbessern tatsächlich Ihre Leistung. Um konkret zu sein: Wenn Sie viele Sudokus lösen, werden Sie wirklich etwas geschickter darin, Sudokus zu lösen. Das ist aber auch schon alles. Anders und wissenschaftlicher formuliert heißt das: Der Lerneffekt ist nicht verallgemeinerbar. Man verbessert sich zwar im Lösen dieser speziellen Aufgabe, an der man sich so fleißig geübt hat, doch ein allgemeiner Effekt für das kognitive Leistungsvermögen bleibt aus.

Dieses ernüchternde Resultat hatten bereits viele kleinere Studien nahegelegt, bevor es schließlich in einer (im Jahr 2010 in der wissenschaftlichen Topzeitschrift *Nature* publizierten) Studie mit mehr als 11 000 Teilnehmenden zwischen 18 und 60 Jahren überzeugend nachgewiesen werden konnte.

In dieser Studie war untersucht worden, ob das Tainieren von Denksportaufgaben die Lernfähigkeit der Testpersonen im

Allgemeinen verbessert; mit anderen Worten: Man stellte sich die Frage, ob es im umfassenden Sinne die Kognition verbessert, sich in bestimmten Aufgaben zu üben. Zunächst absolvierten alle Versuchspersonen einen Test, mit dessen Hilfe eine breite Skala kognitiver Funktionen dokumentiert werden konnte. Dadurch war die Ausgangsposition aller Teilnehmenden genau bekannt.

Die Testpersonen wurden dann willkürlich in drei Gruppen eingeteilt. Die erste Gruppe erhielt Unterricht im Argumentieren, im Planen und im Lösen von Problemen; die zweite Gruppe durchlief ein Training mit Gedächtnistests, Konzentrationsübungen und Rechenaufgaben, wobei der Akzent auf den Fähigkeiten lag, um die es auch in den kommerziell erhältlichen Gedächtnistrainings geht; die dritte Gruppe schließlich wurde überhaupt nicht trainiert. Anschließend machten alle Studienteilnehmer den Test, den sie zu Beginn der Studie bereits ausgefüllt hatten, ein zweites Mal.

Tatsächlich schnitten die beiden trainierten Gruppen besser ab, doch die Fortschritte blieben ganz auf die Testaufgaben beschränkt, in denen sie sich geübt hatten. Ein umfassender Effekt, wie etwa eine Verbesserung ihrer allgemeinen Gedächtnisleistung – wofür die Gehirntrainings ja entworfen worden waren – blieb aus oder war nicht größer als bei der Kontrollgruppe, die überhaupt nicht trainiert hatte. Die Gehirntrainings, die kommerziell angeboten werden, haben keinerlei Nutzen – außer für die Anbieter der Tests.

9. Spiele!

WOZU VIDEOSPIELE GUT SIND

Sagen Ihnen die Namen *Grand Theft Auto*, *Half-Life*, *Super Mario Kart*, *Spider-Man*, *Halo*, *Counter-Strike* und *Medal of Honor* etwas? Nein? Das sind Action Video Games, Videospiele, die allesamt schon millionenfach über den – virtuellen – Ladentisch gewandert sind. Hunderttausende von Teenagern und Erwachsenen verbringen einen Großteil ihrer Zeit damit, ihr Talent mit virtuellen oder, per Internet, mit lebenden Gegnern zu messen.

Haben Sie vielleicht selbst sogar schon einmal ein Videospiel gespielt oder einem (Enkel-)Kind dabei zugeschaut? Dann wissen Sie, dass dabei eine ganze Menge passiert: Plötzlich taucht aus einem Winkel ein Gegner auf, der sofort unschädlich gemacht werden muss; es gilt, Kugeln und Geschossen auszuweichen; hinter jeder Ecke lauert Gefahr. Und nicht nur das: Bei vielen dieser Spiele kommt es darauf an, ob man sehr ähnliche, aber doch nicht identische Reize voneinander unterscheiden kann. Etwa Bilder, die größtenteils übereinstimmen, aber aufgrund minimaler Unterschiede doch verschieden sind. Dieser Kontrast entscheidet darüber, ob man einen Freund oder einen Feind vor sich hat, ob man gewinnt oder verliert, ob man am Leben bleibt oder stirbt (zumindest virtuell).[22]

Kurzum, diese Spiele erfordern nicht nur Schnelligkeit, Genauigkeit und Konzentration, sondern vor allem die Fähigkeit, blitzschnell ein schwaches Signal (zum Beispiel den minimalen Unterschied zwischen einem Gegner oder Kameraden) von den Hintergrundgeräuschen (zum Beispiel Hindernissen, bewegten Fahrzeugen und anderen Soldaten) zu unterscheiden.

Dass das Spielen dieser Videospiele besondere Fertigkeiten verlangt, ist einer Reihe berühmter Forscher nicht entgangen. Sie widersprachen dem naheliegenden Vorurteil, dass diese Spiele verwerflich, schlecht, unmoralisch, abstumpfend und sinnlos seien. Ist das nicht die erste Assoziation, die man mit solchen Videospielen verknüpft? Zum Glück gibt es aber auch Menschen, die anders darüber denken. Denn sie haben in sorgfältig durchgeführten Studien bewiesen, dass diese Spiele denjenigen, die sie spielen, überhaupt nicht schaden.[23] Eher im Gegenteil.

Eine der ersten Studien stammt aus dem Jahr 2003 und wurde in der bedeutenden wissenschaftlichen Zeitschrift *Nature* publiziert. Offenbar wussten die Redakteure die Studie zu schätzen. Für die Forscherinnen Green und Bavelier von der Universität von Rochester in New York war von besonderem Interesse, wie Videospiele oder *Games* sich auf die unterschiedlichen kognitiven Fähigkeiten auswirken, vor allem darauf, ein schwaches Signal in einem Meer von Rauschen wahrzunehmen.

Die Studienteilnehmer machten einen Test, bei dem ihnen eine Form (zum Beispiel ein Quadrat) als Signal gezeigt wurde und sie danach schauen mussten, ob sie eine dieser Formen in einer Reihe verschieden geformter Blöcke wiederfanden. Anders gesagt: Sie testeten die Teilnehmenden auf ihre Fähigkeit hin, ein Signal von einer Masse an Geräuschen bzw. Bildeindrücken zu unterscheiden. Dieser Test war so konzipiert, dass sich der Schwierigkeitsgrad leicht steigern ließ.

An der Studie nahmen zwei Gruppen Jugendlicher teil, die zehn Tage lang eine Stunde täglich mit einem Videospiel trainiert wurden. Sie wurden sowohl vor als auch nach dem Training getestet. Neun von ihnen spielten *Medal of Honor: Allied Assault*, ein Spiel, das Schauplätze des Zweiten Weltkriegs simuliert. Der Spieler ist ein Soldat und sieht die Situation buchstäblich aus der Perspektive des Handelnden. Die Kontrollgruppe spielte das Spiel *Tetris*, in dem Präzision und die Fähigkeit,

Signale und Rauschen zu unterscheiden, nicht wichtig sind, die Augen-Hand-Koordination hingegen schon. Danach absolvierten beide Gruppen wieder den Formentest. Mit welchem Ergebnis? Die Gruppe, die das Kriegsspiel erlernt hatte, schnitt im Hinblick auf Genauigkeit, Konzentration und die Wahrnehmung versteckter Signale viel besser ab als die Gruppe, die mit den Quadraten von *Tetris* geübt hatte. Und das nach zehntägigem Spielen.[24]

WARUM SPIELEN WIRKUNGSVOLL IST

Mittlerweile sind mehrere Studien publiziert worden, die zu demselben Ergebnis kommen: Das Spielen von *Action Video Games* ist für eine Reihe kognitiver Fähigkeiten förderlich. Ja mehr noch, die Auswirkungen der Spiele auf die Kognitionsfähigkeit sind weitreichend und von praktischer Relevanz: Sie tragen dazu bei, dass die Spielenden unterschiedlichen Signalen gleichzeitig folgen können, ihre Kontrasterkennung (die Aufnahme eines Signals in einem Wust ablenkender Stimuli) verbessern, ihr räumliches Sehvermögen steigern und ihre Aufmerksamkeitsspanne verlängern. Und diese Fortschritte bleiben nicht nur auf einen kurzen Zeitraum nach dem Spiel beschränkt. Obwohl die meisten Studien ihre Messungen unmittelbar nach den Trainingseinheiten durchführten, gibt es doch einige wenige, die nach einem längeren Zeitraum – zwischen ein paar Monaten und einem ganzen Jahr – ein zweites Mal Kontrollmessungen vornahmen. Es zeigte sich: Auch dann sind noch Verbesserungen der kognitiven Leistungen nachweisbar.

Wie lässt sich dieser nachhaltige Effekt erklären? Obwohl die Spiele nicht dem Zweck dienen, die Kognitionskompetenz zu verbessern (sie sind schließlich nur zum Vergnügen, nicht zum Lernen gedacht), tragen sie doch viel dazu bei.

Ein erster Grund dafür liegt darin, dass Videospiele eine breite, häufig wechselnde Palette unterschiedlicher Fertigkeiten erfordern und daher viele Hirnfunktionen stimulieren. Doch mindestens ebenso wichtig ist der Umstand, dass sie darauf ausgelegt sind, die Spieler zu verlocken und zu belohnen. Die Konstrukteure dieser Spiele sind keine Idioten, sie wissen, was wirkt und wie sie ihre Kunden und Kundinnen mit ihrem Spiel in den Bann ziehen können.

Zuallererst ist für das Aufnehmen neuer Informationen ein gewisses Maß an Spannung *(„Arousal")* förderlich. Vergegenwärtigen Sie sich nur einmal die Erfahrung, dass emotionale Ereignisse sich Ihnen besser einprägen als alltägliche (und das ist auch logisch, denn solche Ereignisse sind meistens wichtiger als Dinge, die Sie kaltlassen).[25]

Der zweite Faktor, der zu dieser Wirkung beiträgt, besteht darin, dass diese *Games* die Spielenden belohnen. Ohne Belohnung kein Lernen, das hat der Psychologe B. F. Skinner schon vor achtzig Jahren bei Ratten nachgewiesen. Beim Menschen ist das nicht anders. Genauso wichtig ist es, dass diese Belohnung unmittelbar auf die Leistung erfolgt. Ob es nun um Sterne, Punkte, Waffen, neue „Leben", Geld oder um Macht geht, die Entwickler von Videospielen haben begriffen, wie Lernen funktioniert: Belohnung ist dabei eine wichtige Zutat, und sie sollte, um einen maximalen Effekt zu erzielen, möglichst schnell auf die Leistung erfolgen. Des Weiteren wird der Schwierigkeitsgrad – ebenso wie die Belohnung – allmählich gesteigert, was das Lernen noch stärker fördert. Kurzum: Videospiele entsprechen sehr genau den wesentlichen Elementen von Lernprozessen.[26]

Es gibt noch einen weiteren, jüngst (2011) aufgedeckten Grund, warum Videospiele sich so stark auf die kognitive Leistung auswirken. Gerade aufgrund ihrer Komplexität sind diese Spiele dazu angetan, ein äußerst wichtiges kognitives Prinzip anzusprechen: das Einschätzen von Wahrscheinlichkeiten. Dabei handelt es sich um eine Fähigkeit, die Grundlage fast aller unserer Entscheidungen ist, ob sie nun in einem kurzen Augenblick getroffen werden oder wir alle Zeit der Welt dafür haben.

In einer komplexen Studie haben die zuvor bereits erwähnten Wissenschaftlerinnen Green und Bavelier die Mechanismen des Lernens untersucht, das – wie sich gezeigt hat – mit dem Spielen von Videospielen einhergeht. Der Test, den sie den Probanden vorlegten, war ziemlich einfach. Er bestand darin, auf einem Bildschirm bewegte Punkte zu beobachten. Diese Punkte bewegten sich jedoch nicht in beliebiger Richtung; die Testpersonen hatten die Aufgabe, die Hauptrichtung herauszufinden, in die sich die Punkte bewegten. Je geringer die Kohärenz war, das heißt die Anzahl der Punkte, die sich in dieselbe Richtung bewegten, und je mehr einzelne Punkte der Test enthielt, desto schwieriger war die Aufgabe – und umgekehrt. Der Auftrag bestand darin, möglichst schnell die richtige Antwort zu geben.

Es zeigte sich, dass die Spieler von Videogames gerade in den schwierigeren Situationen eine viel bessere Leistung erbrachten als die *Nicht-Gamer*. Man könnte hier noch einwenden, dass die *Gamer* im Vorteil waren, weil sie mit visuellen Spielen Erfahrung hatten. Aber auch in einem Test, in dem sie möglichst schnell einen hellen Ton aus Hintergrundgeräuschen herausfiltern sollten, eine Aufgabe, die nichts mit visuellen Fähigkeiten zu tun hatte, schnitten sie besser ab. Aufgrund von komplizierten Berechnungen kamen die Wissenschaftlerinnen zu dem Schluss, dass vor allem die Fähigkeit, Wahrscheinlichkeiten genau einzuschätzen, zur besseren Leistung der *Gamer* beiträgt. Actionspiele zu spielen, fördert also eine Fähigkeit, die wir täglich brauchen, ein Können, das allen Entscheidungen, die wir im Leben treffen, zugrunde liegt: das Abwägen von Chancen und das Einschätzen von Risiken. Darin gut zu sein ist gewiss kein geringer Vorteil.

VIDEOSPIELE UND DAS GEHIRN

Wie kommt es, dass Spieler von Videogames schneller und besser entscheiden können, wenn sie viele verschiedene, willkürlich erscheinende Reize verarbeiten müssen? Wie kann ein so grundlegendes Prinzip erlernt werden? Es liegt vor allem daran, dass sich im Gehirn der Spielenden eine grundlegende Funktion verändert: Ihr Gehirn wird effektiver darin, irrelevantes Rauschen zu unterdrücken. Die entsprechende Hirntätigkeit lässt sich gut durch das Auffangen elektrischer Signale messen, die mit dieser Aktivität einhergehen (besonders wenn die Signale auf der Hirnrinde entstehen). Diese Technik ist schon über ein halbes Jahrhundert alt und wird Elektroenzephalographie (EEG) genannt.

In einer solchen Untersuchung wurde 41 Testpersonen im durchschnittlichen Alter von 24 Jahren eine Mischung aus Buchstaben und Zahlen gezeigt, die abwechselnd in der Mitte und am Rand ihres Gesichtsfeldes erschienen. Die Teilnehmenden hatten den Auftrag, die Zahlen (die seltener zu sehen waren als die Buchstaben) zu identifizieren. Die Zahlen waren also gewissermaßen die Signale, die Buchstaben standen für das Rauschen. Eine Hälfte der Testpersonen hatte im Jahr vor dem Test mindestens fünf Stunden wöchentlich *Action Video Games* gespielt, die andere Hälfte nicht. Während sie den Test absolvierten, wurden die Hirnsignale auf dem gesamten Schädel registriert.

Die *Gamer* schnitten nicht nur viel besser ab als die *Nicht-Gamer* (sie waren schneller und machten weniger Fehler), auch beider Hirntätigkeit unterschied sich. Wohl war die Hirntätigkeit beider Gruppen gleich stark, wenn sie die Zahlen („Signale") sahen. Sie unterschieden sich jedoch beim Wahrnehmen der Buchstaben („Rauschen"). Hier war die Hirntätigkeit der *Gamer* beträchtlich geringer. Der Unterschied zwischen Spielern und Nicht-Spielern hinsichtlich ihrer Fähigkeit, Nicht-Signale auszublenden, wurde erst recht deutlich, wenn Zahlen und Buchstaben schnell hintereinander am Rand ihres Gesichtsfeldes auftauchten. Das bedeutet: Gerade in der schwierigsten Testsituation also, in der die Versuchspersonen schnell aufeinanderfolgende Signale in der Peripherie ihres Gesichtsfeldes herausfiltern sollten, Signale, die zudem noch maskiert wurden, zeigte das Gehirn von Videospielern sein erlerntes Können par excellence und unterdrückte irrelevante Stimuli.

VIDEOSPIELE, AGGRESSIONEN UND DIE EMANZIPATION DER FRAU

Doch käme es uns nicht gelegen, wenn das Spielen dieser meistens doch gewaltdarstellenden Videospiele neben positiven Auswirkungen auch negative Folgen hätte? Am häufigsten wird als Negativeffekt ins Feld geführt, dass diese Spiele Aggression wecken und möglicherweise auch zu aggressiven und kriminellen Verhaltensweisen anstacheln würden.

Dieser Aspekt ist tatsächlich untersucht worden. Die Resultate mehrerer Studien wurden kürzlich in einer sorgfältig ausgearbeiteten Übersicht zusammengefasst. Es handelt sich dabei um siebzehn Studien, die zwischen 1995 (der Zeit, in der die ersten *Shooter-Games* auf den Markt kamen, bei denen der bzw. die Spielende aus der Perspektive der Actionfigur agiert, also „selbst" schießt) und 2007 publiziert worden sind und an denen mehr als 3 600 Probanden beteiligt waren.

Diese Studien arbeiteten mit Versuchsanordnungen, in denen aggressives Verhalten (nicht aggressives Denken) meistens auf die folgende Weise gemessen wurde: Man setzte die Testpersonen ärgererregenden Stimuli aus und beobachtete, ob sie nach dem Spielen eines solchen Videospiels aggressiver reagierten. Die zusammenfassende Auswertung dieser Studien ergab, dass das Spielen gewaltdarstellender Videogames nicht zu einer Zunahme aggressiven Verhaltens führt. Obwohl ein neuerer, aber umstrittener Übersichtsartikel aus dem Jahr 2011 durchaus einen Zusammenhang zwischen aggressivem Verhalten und dem Spielen dieser gewaltsamen *Games* herstellt, ist der nachgewiesene Effekt sehr gering (er erklärt weniger als drei Prozent des möglichen Effekts).

Am besten aber lassen sich die Auswirkungen von Videospielen nicht im Labor untersuchen, wie es meistens geschieht, sondern im alltäglichen Leben. Die daraufhin konzipierten Studien belegen jedoch keinen oder nur einen sehr geringen Zusammenhang zwischen aggressivem Denken oder gewalttätigem Verhalten einerseits und dem Spielen solcher Spiele andererseits.[27] Andere Variablen wie das Milieu, in dem jemand aufwächst, und das Auftreten von Depressionssymptomen oder Persönlichkeitsstörungen sind wesentlich aussagekräftiger für die Prognose aggressiven Verhaltens als das Spielen von Videogames.

Zu guter Letzt haben diese Games noch einen weiteren, vielleicht unerwarteten Effekt: Sie tragen zur Emanzipation der Frau bei. Zumindest korrigieren sie eine der wenigen Qualitäten, die bei Frauen weniger stark ausgeprägt sind als bei Männern: die Fähigkeit, dreidimensional zu denken.

Tests, die diese Fähigkeit messen, basieren auf der Präsentation verschiedener dreidimensionaler Körper. Zwei sind jeweils identisch. Um diese Übereinstimmung zu erkennen, müssen diese jedoch im Raum virtuell gedreht werden. Frauen sind darin, wie gesagt, im Schnitt weniger erfolgreich als Männer. Es sei denn, sie wären mit Hilfe von Videogames trainiert worden.

In der betreffenden Studie wurden Frauen und Männer im Alter von 18 bis 32 Jahren, die keinerlei Erfahrung mit solchen Spielen hatten, zwei Wochen in dem Spiel *Medal of Honor: Pacific Assault* trainiert. Die Kontrollgruppe wurde in dem Spiel *Ballance* trainiert, einem friedlichen dreidimensionalen Puzzlespiel, mit dem das räumliche Sehen ebenfalls verbessert werden konnte.

Dennoch hatte das Kriegsspiel, bei dem viel geballert wurde, offensichtlich einen viel stärken Effekt auf die dreidimensionale Wahrnehmung als das Puzzlespiel. Obwohl sich auch bei den Männern nach dem Spiel *Pacific Assault* ein leichter Fortschritt erkennen ließ, war der Effekt bei den Frauen ausgeprägter. Diese Wirkung war fünf Monate nach dem Training noch immer nachweisbar. Ob das ein guter Grund ist, Ihre Tochter zu ermutigen, in jugendlichem Alter schon gewaltverherrlichende Videospiele zu spielen, ist ein anderes Thema.

ZUM ABSCHLUSS

Das Spielen von *Action Video Games* fördert eine der wichtigsten und grundlegendsten kognitiven Fertigkeiten des Menschen; die Fertigkeit, schnell Entscheidungen zu treffen. Was sich darauf zurückführen lässt, dass solche Spiele eine grundlegende Gehirnfunktion verbessern: das Vermögen, ein relevantes Signal (die richtige Wahl) von einer Vielzahl irrelevanter Stimuli (die falsche Wahl) zu unterscheiden.

Es mag vielleicht politisch nicht korrekt sein, solche Games zu spielen, zumal wenn sie Gewalt darstellen, und womöglich halten Sie diese Spiele für einen wenig erhebenden Zeitvertreib. Doch viele Millionen von Menschen denken anders darüber und profitieren in vielerlei Hinsicht davon.

10. Wähle deine Eltern mit Bedacht!

ÜBER DEN EINFLUSS DER GENE

Nun, da wir am Ende des Buches angelangt sind, mag der Eindruck entstanden sein, alles am Gehirn sei formbar. Dieser Eindruck ist verständlich, legen die ersten neun Kapitel dies doch nahe. Um deutlich zu machen, dass diese Schlussfolgerung einer gewissen Nuancierung bedarf, schließt sich hier nun dieses zehnte – unrealisierbare – Gebot an.

Wenngleich unser Gehirn stark von der Umgebung beeinflusst wird, ist dieser Einfluss alles andere als exklusiv. Die äußeren Einwirkungen auf unser Gehirn werden nämlich von unseren Genen sowohl begrenzt als auch verstärkt. Ich illustriere dies anhand eines Beispiels. Außerdem lege ich dar, wie sehr unser Gehirn (in seiner Entwicklung) von der DNA bestimmt wird und welche Konsequenzen das für eine unserer wichtigsten Eigenschaften hat: die Intelligenz.

Ihr gesamtes genetisches Gepäck stammt von Ihren Eltern, wobei jeweils ungefähr die Hälfte Ihrer DNA auf die Ihres Vaters und die Ihrer Mutter zurückgeht. Diese Verteilung des genetischen Materials findet bei der Befruchtung der Eizelle durch die Samenzelle statt, wobei sich die DNA Ihrer Mutter und die Ihres Vaters mischen. Welche Teile der DNA ausgewechselt werden, ist jedoch ungewiss, und das ist der Grund, warum Sie nicht mit Ihren Geschwistern identisch sind.

All Ihre Gene stammen von Ihren Eltern – ob es Ihnen gefällt oder nicht. Und Sie teilen durchschnittlich die Hälfte Ihrer Gene mit Ihren Geschwistern. Mit der einen Ausnahme eineiiger Zwillinge – ihre DNA ist zu 100 Prozent gleich. Solche Zwillinge entwickeln sich durch eine Zellteilung, die unmittelbar nach der

Befruchtung beginnt. Sie führt zur Bildung zweier genetisch identischer Zellen, aus denen jeweils ein Mensch hervorgeht. Zweieiige Zwillinge entstehen hingegen aus zwei Befruchtungen (aus zwei verschiedenen Eizellen und Samenzellen), die gleichzeitig stattfinden.[28] Zweieiige Zwillinge haben daher genetisch nicht mehr gemeinsam als andere Geschwister.

Wenn man genetischen Unterschiede zwischen ein- und zweieiigen Zwillingen auswertet, lässt sich durch diese Laune der Natur die Rolle der Gene und des Umfelds bei vielen unserer Eigenschaften ziemlich genau untersuchen und gut ermessen. Je mehr eineiige Zwillinge sich im Vergleich zu zweieiigen in ihren Eigenschaften und ihrem Verhalten gleichen, desto stärker ist der genetische Anteil dieses Wesenszuges. Doch erst im letzten Jahrzehnt, in dem wir erstmals über nicht radioaktive Scantechniken wie die Magnetresonanztomographie (MRT) verfügen konnten, ist eine regelrechte Flut an Informationen über den Einfluss der Gene und der Umgebung auf die Struktur und die Funktion unseres Gehirns (und dessen Entwicklung) über uns hereingebrochen.

GENE UND UNSER GEHIRN

Obwohl die Frage nach dem Einfluss der Gene und der Umgebung auf alle möglichen (un)menschlichen Eigenschaften schon seit vielen Jahrhunderten gestellt wird, wussten wir bis vor nicht allzu langer Zeit nicht, ob Gene auch unser Gehirn beeinflussen und wenn ja, in welchem Maße.

Unsere Forschergruppe vom UMC Utrecht berichtete 2001 als eine der ersten über eine Studie, an der 112 gesunde ein- und zweieiige Zwillinge und 34 ihrer Geschwister teilgenommen hatten. Das Ergebnis dieser Studie war verblüffend. Zwar war schon länger vermutet worden, dass Gene bei der Entwicklung unseres Gehirns eine wichtige Rolle spielen, in welchem

Maße sie das taten, war aber auch für uns überraschend: Das Volumen des Gehirns wird fast gänzlich, um genau zu sein, zu 90 Prozent, von den Genen bestimmt. Damit ist das Hirnvolumen eines der am stärksten erblich geprägten Merkmale; schließlich finden sich kaum Eigenschaften, die fast ausschließlich von unseren Genen bestimmt werden. Und das war kein Zufallsbefund, denn mittlerweile ist dieses Resultat von mehr als zehn weiteren Studien bestätigt worden.

Dieser Einfluss der Gene auf das Gehirnvolumen macht sich schon sehr früh in unserem Leben bemerkbar, im Grunde von den ersten Lebenstagen an. In einer besonderen, an den Universitäten von North Carolina und Virginia in den USA durchgeführten Studie wurde ungefähr ein Monat nach der Geburt bei 217 eineiigen und zweieiigen neugeborenen Zwillingen ein MRT-Scan durchgeführt.

Die Babys wurden zunächst gut gefüttert, damit sie schläfrig wurden. Sobald sie eingeschlafen waren, wurden sie in den Scanner gelegt (ein MRT-Scan ist vollkommen sicher und erzeugt keine radioaktive Strahlung). Besonders die weiße Substanz des Gehirns, der Bereich, in dem sich die Verbindungen befinden, erwies sich schon bei diesen extrem jungen Probanden zu 85 Prozent als erblich bestimmt – was fast dem Prozentsatz entspricht, den wir bei erwachsenen Zwillingen nachgewiesen haben (88 Prozent).

Das bedeutet, ein wichtiger Teil des Gehirns, und zwar der Aspekt, der für die Verbindungen innerhalb des Gehirns verantwortlich ist, zeigt sich von Geburt an – und wahrscheinlich auch schon davor, aber das wurde noch nicht gemessen – als in hohem Maße erblich bedingt. Ist das bedeutsam? Durchaus, denn die Größe und die Zahl der Verbindungen in unserem Gehirn stehen in direkter Relation zum Ausmaß unserer Intelligenz. Lassen Sie uns mit der Größe, dem Gehirnvolumen, beginnen.

GENE, GEHIRNVOLUMEN UND IQ

Je größer das Gehirn, desto höher der IQ. Das wissen wir schon seit Mitte des neunzehnten Jahrhunderts, als Sir Francis Galton, der Begründer der Genetik, nachgewiesen hat, dass Intelligenz in Zusammenhang zum Umfang des Schädels steht.

Für diese Untersuchung setzte er die Hutgröße (die sich vom Schädelumfang und daher vom Hirnvolumen ableitet) von Studenten seiner Alma Mater, der Universität von Cambridge, in Korrelation zu deren Examensresultaten. Es stellte sich heraus, dass die Studenten mit den besten Noten die größten Schädel hatten. Galtons Fazit lautete daher, dass Intelligenz und Hirnumfang in direkter Relation zueinander stehen.

Es hat eine Weile gedauert, bis seine Resultate mit modernen Mitteln bestätigt werden konnten, doch seine Beobachtung erwies sich als richtig. Alle Studien, die das mit Hilfe von Hirnscans exakt vermessene Gehirnvolumen zu der im IQ-Test gemessenen Intelligenz in Beziehung setzen, zeigen, dass die Intelligenz mit der Größe des Gehirns zunimmt.

Dieser Zusammenhang ist mehr als deutlich, aber nicht besonders erheblich: Denn das Gehirnvolumen erklärt nur 10 Prozent des IQ eines Menschen. Wenn wir jedoch den Aufbau des Gehirns genauer in Augenschein nehmen, erweist sich der Zusammenhang zwischen Hirnstruktur und Intelligenz als wesentlich größer.

In den letzten Jahren ist es möglich geworden, das Gehirn sehr genau zu analysieren, so genau sogar, dass die Verbindungsbahnen darin nicht nur sichtbar gemacht, sondern auch quantifiziert, das heißt genau bemessen werden können. Verständlicherweise funktionieren diese Verbindungen am besten, wenn sie möglichst selten unterbrochen werden, so wie sich auch über eine Autobahn mit Überführungen schneller fahren lässt als über eine Landstraße mit Kreuzungen und Kreisverkehren. Im Gehirn verhält es sich nicht anders: Je weniger Unterbrechungen es gibt, desto besser ist die Verbindung und desto schneller kann sich das Signal verbreiten. Der Grad der Durchgängigkeit der Verbindungen, im Wissenschaftsjargon die Integrität der Verbindungen, ist mit dieser neuen Technik quantifizierbar.

Wie zu erwarten ist, zeigt sich, dass unser Gehirn tatsächlich umso effektiver arbeitet, je mehr Verbindungen aus „Schnellstraßen" (und je weniger aus „Landstraßen") bestehen. Aber nicht nur das: Auch die Geschwindigkeit, mit der die verschiedenen Hirnregionen miteinander kommunizieren, steht in unmittelbarem Zusammenhang zu unserer Intelligenz. Schnellere Gehirne sind klügere Gehirne, wie Martijn van den Heuvel aus unserem Fachbereich in Utrecht kürzlich nachgewiesen hat.

Er hat eine Methode entwickelt, mit der man die Geschwindigkeit und Effizienz von Verbindungen im Gehirn quantifizieren und anschließend ermitteln kann, wie schnell die unterschiedlichen Hirnregionen miteinander kommunizieren. Daraus ergab sich zum einen, dass es in Bezug auf die Kommunikationsgeschwindigkeit des Gehirns einzelner Menschen eine große Variationsbreite gibt (als ob wir das nicht schon längst gewusst hätten). Van den Heuvel entdeckte aber auch, dass die Intelligenz umso höher ist, je kürzer – und damit schneller – die Verbindungen im Gehirn sind.

Dieser Zusammenhang zwischen Hirneffizienz und Intelligenz ist viel bedeutsamer als das grobe Maß des Hirnvolumens. Letzteres erklärt, wie bereits erwähnt, nur 10 Prozent unserer Intelligenz. Die Effizienz unserer Gehirnverbindungen, das heißt die Anzahl der Autobahnen in unserem Gehirn, ist hingegen für mehr als ein Drittel unserer Intelligenz maßgeblich. Für ein einziges biologisches Merkmal ist das schon eine ganze Menge. Kurzum: Unser IQ hängt zum großen Teil von der Effizienz der Verbindungen in unserem Gehirn ab – bisher kennt man keinen Faktor, der ähnlich einflussreich wäre. Doch diese Verbindungen selbst sind, sowohl was ihre Struktur als auch was ihre Funktion angeht, stark von unseren Genen bestimmt.

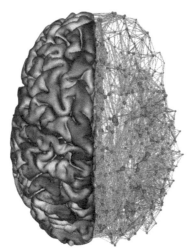

*Abbildung 8:
Die Schnellstraßen im Gehirn
(links die Außenseite, rechts
die Netzwerke).*

Wie Forscher der Universität von Kalifornien (UCLA) im Jahr 2009 nachgewiesen haben, ist der Grad an Konnektivität, die Verbindungsstruktur, in hohem Maße erblich bedingt, nämlich zu 85 Prozent. Das bedeutet: Wie viele Schnellstraßen Sie in Ihrem Kopf haben, ist in Ihrer DNA festgelegt. Schnellstraßen bekommen wir also von unseren Eltern. Wenn die Qualität des Straßennetzes im Gehirn von unseren Genen abhängt, wäre zu erwarten, dass sie auch die Geschwindigkeit vorgeben, mit denen man darauf fährt. Mit anderen Worten: Wenn die Verbindungstruktur von den Genen beeinflusst wird, dann wohl auch deren Funktion.

Das trifft offenbar zu.

Professor Bullmore von der Universität von Cambridge in England entdeckte unlängst (die entsprechende Veröffentlichung erschien im März 2011), dass die funktionelle Effizienz, also der Grad an Geschwindigkeit und Effizienz, in dem die unterschiedlichen Hirnregionen miteinander kommunizieren, zwischen 60 und 70 Prozent von unseren Genen bestimmt wird. Sowohl die Hardware, die Schnellstraßen, als auch die

Prozessgeschwindigkeit, der Effizienzgrad, unseres Gehirns, sind also zu weiten Teilen festgelegt. Unsere Eltern entscheiden über die Effizienz der Verbindungen in unserem Gehirn – damit entscheiden sie, wie schlau wir werden, oder zumindest, wie schlau wir werden können.

Denn was hätte man von einer Hardware, wenn diese nicht von einer Software betrieben würde? Nichts. Nun, diese Software stammt aus unserer Umgebung. Schließlich kommt alles, was wir lernen, von unseren Eltern, unseren Lehrern, Erzieherinnen, Freunden und Freundinnen usw. Wie unser Gehirn sich an diese Umgebung anpasst und wie es mit ihr interagiert, ist für unseren IQ ebenso wichtig wie das Volumen oder der Effizienzgrad dieses Organs. Die Plastizität unseres Gehirns, die hierfür maßgeblich ist, wird wiederum weitgehend von unseren Genen gesteuert.

GENE, VERÄNDERUNG DER GEHIRNSTRUKTUR UND IQ

Unser Gehirn entwickelt sich proportional am stärksten im Mutterleib. Danach vollzieht sich der größte Teil des Wachstums in den ersten Jahren nach der Geburt. Das lässt sich am Schädelumfang gut messen, der parallel zum Hirnvolumen zunimmt. Ja, das Schädelwachstum wird sogar vom Gehirnwachstum gesteuert.

Als Erwachsener haben Sie einen Schädelumfang von durchschnittlich 58 Zentimetern. Bei der Geburt sind davon schon 60 Prozent erreicht (das steht in starkem Kontrast zur Körpergröße, die bei der Geburt noch keine 30 Prozent der Körperlänge im Erwachsenenalter ausmacht). In den ersten Lebensjahren kommen noch weitere 20 Prozent dazu. Das heißt, in einem Alter von zwei Jahren hat der Schädel und daher auch das Gehirn schon 80 Prozent seiner letztendlichen Größe erreicht. Mit sechs Jahren sind es schon 95 Prozent. Es scheint so, als sei das Gehirn schon lange vor dem restlichen Körper ausgewachsen.

Doch diese Statistik trügt. Auch wenn unser Gehirn schon in diesen jungen Jahren fast die Größe des Gehirns eines Erwachsenen hat, ist dessen Entwicklung in diesem Alter ganz und gar nicht abgeschlossen. Im Gegenteil, besonders in der Pubertätszeit vollzieht sich ein Prozess, der für das normale Funktionieren des Gehirns von großer Bedeutung ist. Wie sich erwiesen hat, verändert sich im Alter zwischen sieben und siebzehn Jahren vor allem die Dicke der Hirnrinde (in der sich die Kerne der Hirnzellen befinden), die im Allgemeinen mit dem Älterwerden abnimmt. Außerdem wird in dieser Zeit auch eine Vielzahl neuer Verbindungen angelegt. Die Pubertät ist also in Bezug auf das Gehirn und auf die Eigenschaften, die für unsere Intelligenz offenbar von großer Wichtigkeit sind, eine Phase gewaltiger Veränderungen.

Aber auch nach der Pubertät ist die Entwicklung des Gehirns noch nicht abgeschlossen. Untersuchungen in unserem Labor in Utrecht weisen darauf hin, dass die Flexibilität des Gehirns bis weit ins Erwachsenenalter hinein gewahrt bleibt. Vor allem die Hirnrinde ist bis ins hohe Alter dynamisch, wobei zu beachten ist, dass diese Dynamik nicht in jeder Hirnregion gleich ist. Während sich die Rinde in den vorderen Gehirnbereichen mit zunehmendem Alter verdünnt, kommt es in den Schläfenlappen zu Verdickungen.

Da wir diese Veränderungen im Gehirn bei Zwillingen gemessen haben, konnten wir errechnen, wie stark der Einfluss der Gene und der Umgebung auf diesen Prozess im Gehirn ist. Und so wie wir Hinweise gefunden haben, dass das Volumen und die Integrität der Verbindungen größtenteils erblich geprägt sind, erwies sich nun auch, dass die Flexibilität des Gehirns bis ins hohe Alter sehr stark, nämlich zu mehr als 50 Prozent, von den Genen beeinflusst wird. Kurzum: Gene prägen in einem hohen Maß die Größe, die Effizienz und die Flexibilität unseres Gehirns. Und ebenso wie die ersten beiden Aspekte ist auch die Formbarkeit unseres Gehirns in der Pubertät und im Erwachsenenalter wichtig für unseren IQ.

Als Wissenschaftler vom National Institute of Mental Health (NIMH) die Veränderungen im Gehirn von Kindern zu deren Intelligenzniveau in Relation setzten, zeigte sich nämlich, dass nicht so sehr die absolute Dicke der Hirnrinde, sondern deren Veränderlichkeit mit der Intelligenz gekoppelt war: Je stärker sich das Gehirn veränderte, je dynamischer es war, desto höher war der IQ.

Auch wir in Utrecht konnten, je nach Intelligenz der Testpersonen, große graduelle Unterschiede in der Gehirnflexibilität feststellen: Zu einer stärkeren Verdünnung der Hirnrinde kam es vor allem bei Testpersonen mit einer unterdurchschnittlichen Intelligenz (IQ < 100), während eine größere Verdickung der Schläfenlappen gerade bei Testpersonen mit einer überdurchschnittlichen Intelligenz zu erkennen war. Verwunderlich ist das nicht. Unser Hirn lernt, wie gesagt, durch Interaktion mit der Umgebung. Dass die Sensibilität des Gehirns für diese Umgebung zum größten Teil an unseren IQ gekoppelt ist, ist daher selbstverständlich. Dass dieser Aspekt weitgehend von unseren Genen bestimmt wird, war vielleicht weniger naheliegend. Aber wahr ist es trotzdem.

DIE BEDEUTUNG UNSERER ELTERN

Gene spielen bei der Festlegung von Größe, Form und Flexibilität des Gehirns eine wesentliche Rolle. Auf diese Weise beeinflussen Ihre Gene, wie klug Sie sind. Dieser Effekt ist nicht gering und liegt zwischen 50 und 90 Prozent. Doch die Tatsache, dass Sie diese Gene von Ihrer Mutter und Ihrem Vater geerbt haben, ist nicht der einzige Grund dafür, dass Sie Ihre Eltern mit Bedacht auswählen sollten. Ihre Eltern prägen schließlich auch die Umgebung, in der Sie aufwachsen, und diese ist offenbar von ebenso großer Bedeutung für Ihren IQ.

Denn was hat man von einem großen, effizienten und dynamischen Gehirn, wenn es keiner stimulierenden, lehrreichen und intellektuell herausfordernden Umgebung ausgesetzt ist? Nichts, wie unzählige Studien belegen, die die Auswirkungen der Umgebung auf die intellektuelle Entwicklung untersucht haben.

Gene entscheiden über unsere potenzielle Intelligenz, sie liefern die Hardware: die Speicherkapazität (die Menge grauer Hirnzellen), die Verbindungsgeschwindigkeit (die Integrität der weißen Bahnen) und die Dynamik (die Veränderbarkeit der Hirnrinde). Wird das Gehirn jedoch nicht stimuliert, entwickelt es sich nicht genug, wie Sie bereits im ersten Kapitel über das erste Gebot (Lerne!) gesehen haben.

Und wer sorgt für eine gute Ausbildung, für Stimulans und Ansporn? Ihre Eltern.

Ich habe an anderer Stelle bereits darauf verwiesen:[29] Intelligenz ist wie ein Schwamm; seine Potenz, Wasser aufzunehmen, wird erst in dem Moment nützlich und spürbar, in dem er Wasser ausgesetzt wird. Die Absorptionskapazität eines Schwamms (unsere potenzielle Intelligenz) wird zum großen Teil von unseren Genen bestimmt, doch ohne Wasser (ein geeignetes Umfeld) bleibt die Kapazität ungenutzt und unerkannt.

Unser Gehirn ist formbar, doch es sind unsere Gene, die dieser Formbarkeit Grenzen setzen. Das gilt im Hinblick auf unsere Intelligenz und auf viele andere, wenn nicht gar auf alle Eigenschaften. Wie Sie in den vorigen Kapiteln erfahren haben, können Sie Ihrem Gehirn viel Gutes tun. Doch es gibt Grenzen. Und diese Grenzen werden von unseren Genen bestimmt. Diese Tatsache wollte ich Ihnen nicht vorenthalten.

ZUM ABSCHLUSS (UND DIESES MAL WIRKLICH)

Sie haben es gesehen: Ihr Gehirn ist flexibel, es passt sich an, lernt und verändert sich von Geburt an bis zum Tod. Daraus erwächst eine Verantwortung: Wenn wir gut für uns sorgen und unsere Möglichkeiten – und unsere Lebenszeit! – ausschöpfen wollen, dürfen wir die Plastizität unseres Gehirns nicht außer Acht lassen. Dann müssen wir unser Gehirn betrachten wie unsere Muskeln, die wir versorgen, trainieren und belasten, aber nicht überlasten. Bei Lichte besehen, ist es erstaunlich, wie viel Aufmerksamkeit wir unserem körperlichen Wohlbefinden schenken und wie wenig unserer geistigen, sozialen oder psychischen Gesundheit. Diese Einseitigkeit entbehrt jedoch jeglicher biologischen Grundlage, denn das Gehirn ist ebenso beeinflussbar wie jedes andere Organ unseres Körpers.

Das meiste, was wir für die Gesundheit unseres Gehirns tun oder lassen sollten, liegt auf der Hand. Fast alles lässt sich auf einen Nenner bringen: Wir sollten unser Gehirn stimulieren, indem wir lernen, Musik machen, soziale Kontakte pflegen, spielen und uns körperlich anstrengen. Ebenso wichtig ist es, dem Gehirn Ruhe zu gönnen, indem wir genug schlafen und andauernden Stress vermeiden. Und zu guter Letzt sollten wir das Organ natürlich nicht schädigen, wobei die Verringerung oder noch besser der Verzicht auf Alkoholkonsum global und individuell den größten Effekt erzielen würde.

Wenn man sich klarmacht, dass das Gehirn ein lebendiges und daher plastisches Organ ist, erscheint das alles sehr einleuchtend. Zwischen Theorie und Praxis liegt jedoch häufig eine große Kluft. Doch auch diese lässt sich überwinden: Die Brücke zwischen Theorie und Praxis, zwischen Wissen und Können, zwischen Denken und Handeln ist unsere Motivation. Ich hoffe, ich konnte Ihnen zu dieser Brücke ein paar Bausteine liefern.

Anhang

ANMERKUNGEN

1 Es ist bemerkenswert, dass ihr Hippocampus nicht größer geworden ist; das erklärt sich daraus, dass diese Studenten zwar Vorlesungen gehört, sich dabei aber keine neuen Informationen eingepaukt hatten, im Unterschied zu ihren deutschen Kollegen, die das für ihr Physikum hatten tun müssen.

2 *„Sleep that knits up the ravell'd sleave of care, The death of each day's life, sore labour's bath, Balm of hurt minds, great Nature's second course, Chief nourisher in life's feast."* William Shakespeare, *Macbeth*, II, 2. („Schlaf, der des Grams verworrn Gespinst entwirrt, Den Tod von jedem Lebenstag, das Bad Der wunden Müh, den Balsam kranker Seeln, Den zweiten Gang im Gastmahl der Natur, Das nährendste Gericht beim Fest des Lebens." Deutsche Übersetzung nach der 3. Schlegel-Tieck-Gesamtausgabe von 1843/44.)

3 Der geringe Bedarf an (Nacht-)Ruhe bei diesen Tieren hat wahrscheinlich mit ihrer Kost und ihrem Körpergewicht zu tun. Denn im Allgemeinen haben Fleischfresser ein größeres Schlafbedürfnis als Tiere, die sich mit einem vegetarischen Menü begnügen, und je größer das Tier ist, desto weniger Schlaf braucht es.

4 Nicht ohne Grund wird Schlafentzug als Foltermethode praktiziert.

5 Wie Studien mit Fruchtfliegen zeigen, bieten Gene, die der Stressreaktion entgegenwirken, diesen Tierchen bemerkenswerterweise einen Schutz gegen die (tödlichen) Auswirkungen des Schlafmangels.

6 Der Hippocampus schrumpft beim Altern, daher sind Ihre (Enkel-)Kinder so viel erfolgreicher in diesem Spiel als Sie.
7 Der Vergleich mit dem Buch unter dem Kissen sieht folgendermaßen aus: Das Buch, aus dem Sie für Ihre Prüfung gelernt haben, war sicherlich groß, das sind Schulbücher nun einmal meistens. Wenn Sie es unter Ihr Kissen legen und den Kopf darauf betten, spüren Sie das Buch natürlich, Sie liegen darauf nicht so bequem wie sonst. Auch nachdem Sie eingeschlafen sind, werden Sie, ebenso unbewusst wie die Testpersonen, die nachts den Rosenduft gerochen haben, das Buch noch spüren, auch im Tiefschlaf. So wird der Hippocampus im Schlaf von demselben Reiz aktiviert, der tagsüber schon diesen Hirnbereich gereizt hat, nämlich von dem Buch. Daher passieren die Informationen, die der Hippocampus tagsüber gespeichert hat (der im Buch enthaltene Lernstoff), noch einmal Revue. Und Sie schlagen sich glänzend bei Ihrer Prüfung. Dank Ihrer Großmutter.
8 s. Anmerkung 2.
9 Charles Darwin: Die Abstammung des Menschen. Kapitel 61: Dritter Theil. Geschlechtliche Zuchtwahl in Beziehung auf den Menschen und Schluß. Neunzehntes Capitel. Secundäre Sexualcharaktere des Menschen. Verschiedenheiten der Geisteskräfte und der Stimme.
10 Bei Tieren wird das Hormon Corticosteron genannt.
11 Womöglich fragen Sie sich, wie diese gestressten Studierenden, deren Gehirn eine schlechte Konnektivität aufwies, für das Examen lernen und es wahrscheinlich auch noch bestehen konnten (obwohl der Artikel dazu keine Angaben macht). Die Antwort liegt in der Tatsache begründet, dass die stressbedingten Veränderungen in ihrem Gehirn Hirnregionen betrafen, die nicht beim Lernen und Studieren, sondern beim Entscheiden gefordert werden. Aus diesem Grund sollte man in stressigen Situationen auch besser keine Entscheidungen treffen. Das Sprichwort „Angst ist ein

schlechter Ratgeber" findet hierin vielleicht seine biologische Erklärung.

12 Auffallend ist, dass dieser Effekt der Dopaminblockade sich ausschließlich auf die partnerschaftliche Treue in bereits bestehenden Beziehungen auswirkt. Für die Partnerwahl oder das Ausmaß des sexuellen Interesses spielt Dopamin, wie andere Experimente belegen (zumindest bei Wühlmäusen), keine Rolle.

13 Im Übrigen ist Dopamin sicherlich nicht das einzige Molekül, das am Sozialverhalten beteiligt ist. Oxytocin zum Beispiel, ein Peptid im Gehirn, und Hormone im Rest des Körpers spielen eine (ebenso) wichtige Rolle im Sozialverhalten (neben einer Reihe anderer – hormoneller – Faktoren).

14 Einen gewissen Status zu haben, ist nicht nur angenehm. In demselben Experiment mit der von einer instabilen Hierarchie geprägten Situation wurde neben dem Nucleus accumbens auch die Insula aktiv, der Teil des Gehirns, der mentalen und physischen Schmerz registriert. So als würde sich das Gehirn schon auf das Leid vorbereiten, das ein potenzieller Verlust dieses Status mit sich bringen könnte.

15 Also Mütter, die regelmäßig mehr als zwei bis drei Alkoholeinheiten täglich oder fortgesetzt große Mengen trinken. Eine Alkoholeinheit bezeichnet dabei immer dieselbe Menge Alkohol unabhängig von der Konzentration in dem jeweiligen Getränk. Ein Glas Bier enthält absolut genauso viel Alkohol wie ein Gläschen Schnaps oder ein Glas Wein. Eine Alkoholeinheit besteht daher auch aus einem Glas Bier, einem Gläschen Schnaps oder einem anderen hochprozentigen Getränk oder einem Glas Wein.

16 Der Grund dafür, dass Alkohol bei der ungeborenen Frucht einen solch immensen Schaden anrichten kann, besteht darin, dass die Substanz ungehindert die Plazenta passieren kann. Denn es handelt sich bei der Substanz um ein klei-

nes, gut in Wasser (und daher auch in Blut) lösliches Molekül. Dadurch gelangt aller Alkohol, den die Mutter trinkt, in die Blutbahn und so auch in das Gehirn des Embryos.

17 Siehe auch Kapitel 10.

18 Der niederländische Gesundheitsrat rät dazu, eine geringe Menge Alkohol, etwa ein bis zwei Gläser Wein, täglich zu trinken, weil dies angeblich die Gesundheit fördere. Und auch weil eine solche Menge die Gefahr von Herz- und Gefäßerkrankungen verringere. Das Problem ist – zumindest –, dass viele den Gebrauch nicht auf diese Menge begrenzen (können). Außerdem berücksichtigt die Empfehlung nicht die kognitiven Folgen eines solchen (geringen) Alkoholkonsums auf lange Sicht.

19 Der Hippocampus ist auch die erste Struktur im Gehirn, die bei der Alzheimer-Erkrankung geschädigt wird.

20 Für Kinder und Jugendliche gibt es eine einzige derart konzipierte Studie. Die betreffende Studie verglich die Gehirne von 21 Kindern, die, wie ihre Leistung in einem Belastungstest zeigte, richtig fit waren, mit denen von 28 Altersgenossen, die körperliche Anstrengung weniger gut verkrafteten. Der Hippocampus der Kinder der fitten Gruppe war 15 Prozent größer als der der unsportlichen Kinder.

21 Die erste Studie, die belegte, dass sich körperliche Aktivität auf das Gehirn von älteren Menschen auswirkt, stammt aus dem Jahr 2006. Diese Studie ist jedoch mit einer Reihe gravierender methodischer Mängel behaftet, etwa der geringen Anzahl von Testpersonen und einer begrenzten statistischen Aussagekraft.

22 Dies trifft durchaus nicht nur auf die „aggressiveren" oder „kriegsverherrlichenden" Spiele zu, denn auch friedliche Spiele wie *Super Mario Kart* folgen den gleichen Prinzipien: Man muss schnell reagieren, auf die Peripherie achten und präzise agieren.

23 Natürlich ist es nicht günstig, den ganzen Tag mit Videospielen zu verbringen. Und es gibt auch durchaus Menschen, die videospielsüchtig sind. Doch das ist immer noch eine kleine Minderheit und es ändert nichts daran, dass Spielen im Allgemeinen vorteilhaft ist.

24 Diese Eigenschaften können sich im Alltag durchaus bewähren. Denken Sie nur mal an den Verkehr. Auch in der menschlichen Interaktion kann diese Eigenschaft sehr nützlich sein (man kann sich bei einem lautstarken Empfang mit vielen Menschen auf ein Gespräch konzentrieren und doch schnell registrieren, wenn jemand im Augenwinkel auftaucht, mit dem ein Schwätzchen vielleicht noch netter wäre).

25 Ein zu starker Reiz ist jedoch auch nicht günstig, da man dann wiederum schlechter lernt. Allerdings sind die Spiele so spannend auch wieder nicht, es geht schließlich nicht wirklich um Leben und Tod.

26 Diese Erkenntnisse haben den Entwicklern dieser Spiele sicherlich auch nicht geschadet – so viel zum Thema Belohnung.

27 Wissenschaftlich formuliert: Sie erklären alle weniger als drei Prozent der Abweichung.

28 Bei künstlicher Insemination kommt es ziemlich oft zu zweieiigen Zwillingen, da dabei mittels eines Medikaments das Heranreifen mehrerer Eizellen stimuliert wird.

29 In: René Kahn: De appel en de boom. Balans, Amsterdam 2011.